#2주+2주
#쉽게
#빠르게
#재미있게

한자 전략
완성

한자 전략
시리즈 구성 1단계~6단계

8급
1단계 **A**, **B**

7급Ⅱ
2단계 **A**, **B**

7급
3단계 **A**, **B**

6급Ⅱ
4단계 **A**, **B**

6급
5단계 **A**, **B**

5급Ⅱ
6단계 **A**, **B**

심화 학습

심화 한자로 익히는
교과 학습 한자어

급수별 배정 한자 수록
한자 쓰기장

실제 시험 대비
모의 평가

쉽게, 빠르게, 재미있게!
부모님과 함께하는 한자 전략

한자의 모양 · 음(소리) · 뜻을 빠짐없이 완벽 습득

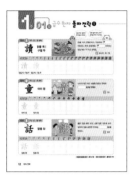  

- 한 번에 한자를 떠올릴 수 있게 도와줄 그림과 빈칸 채우기 활동으로 한자를 기억할 수 있도록 지도해 주세요.

- 다양한 문제를 풀며 반복 학습을 할 수 있게 해 주세요.

뜻부터 활용까지 알찬 한자어 학습

- 한자어와 관련된 그림을 보며 한자어의 의미를 떠올리도록 지도해 주세요.

- 한자어가 활용된 문장을 함께 읽으며 생활 속 어휘 실력을 키워 주세요.

기출 유형부터 창의력 UP 신유형 문제까지!

- 다양한 급수 시험 유형 문제를 통해 효율적으로 시험을 대비할 수 있도록 지도해 주세요.

- 만화, 창의 · 융합 · 코딩, 신유형 · 신경향 · 서술형 문제를 풀며 재미있게 공부하도록 이끌어 주세요.

Chunjae
Makes
Chunjae

▼

[한자 전략]

편집개발   박준영, 홍예진
디자인총괄   김희정
표지디자인   윤순미, 김주은
내지디자인   박희춘, 유보경
삽화   이예지, 권순화, 김수정, 장현아
제작   황성진, 조규영

발행일   2023년 3월 1일 초판 2023년 3월 1일 1쇄
발행인   (주)천재교육
주소   서울시 금천구 가산로9길 54
신고번호   제2001-000018호
고객센터   1577-0902

한자 전략

4단계 **A** 6급 II ①

전편

이 책의 **구성과 특징** ── 2주 + 2주 완성 ──

주 도입 **만화**

재미있는 만화를 보면서 한 주에 학습할 한자를
미리 만나 볼 수 있습니다.

급수 한자 **돌파 전략 ❶, ❷**

급수 한자 돌파 전략 ❶에서는 주제별로 뽑은
급수 한자의 모양·음(소리)·뜻을 학습합니다.

급수 한자 돌파 전략 ❷에서는 문제를 풀며
학습 내용을 확인합니다.

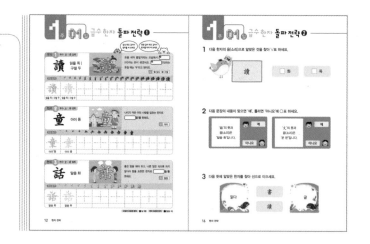

급수 한자어 **대표 전략 ❶, ❷**

급수 한자어 대표 전략 ❶에서는 1, 2일차에서
학습한 한자가 포함된 대표 한자어를 학습합니다.

급수 한자어 대표 전략 ❷에서는 문제를 풀며
한자어의 뜻과 활용을 복습합니다.

급수 시험 체크 전략 ❶, ❷

급수 시험 체크 전략 ❶은 시험에 꼭 나오는
유형을 모아 학습합니다.

급수 시험 체크 전략 ❷에서는 실전 문제를
풀어 보며 시험을 대비합니다.

주 마무리

누구나 만점 전략
누구나 풀 수 있는 쉬운 문제를 풀며 학습 자신감을
높일 수 있습니다.

창의 · 융합 · 코딩 전략 ❶, ❷
융 · 복합적 사고력을 길러 주는 재미있는 문제를
만날 수 있습니다.

권 마무리

전 · 후편 마무리 전략
만화를 보며 학습을 재미있게 마무리할 수 있게
하였습니다.

신유형 · 신경향 · 서술형 전략
문제 해결력을 기를 수 있는 새로운
문제들을 단계별로 제시하였습니다.

적중 예상 전략 1~2회
총 2회로 실제 급수 시험을 준비할 수 있도록
구성하였습니다.

교과 학습 한자어 전략
교과 학습 시 자주 만나는 한자어와 5급 심화
한자를 함께 학습할 수 있도록 구성하였습니다.

이 책의 차례

6급 II 배정 한자 총 225자

ㄱ					
家	歌	各	角	間	江
집 가	노래 가	각각 각	뿔 각	사이 간	강 강
車	計	界	高	功	公
수레 거|수레 차	셀 계	지경 계	높을 고	공 공	공평할 공
空	工	共	科	果	光
빌 공	장인 공	한가지 공	과목 과	실과 과	빛 광
教	校	球	九	口	國
가르칠 교	학교 교	공 구	아홉 구	입 구	나라 국
軍	今	金	急	旗	記
군사 군	이제 금	쇠 금|성 김	급할 급	기 기	기록할 기

氣	ㄴ 男	南	內	女	年
기운 기	사내 남	남녘 남	안 내	여자 녀	해 년
ㄷ 農	短	答	堂	代	對
농사 농	짧을 단	대답 답	집 당	대신할 대	대할 대
大	圖	道	讀	冬	洞
큰 대	그림 도	길 도	읽을 독|구절 두	겨울 동	골 동|밝을 통
東	童	動	同	等	登
동녘 동	아이 동	움직일 동	한가지 동	무리 등	오를 등
ㄹ 樂	來	力	老	六	理
즐길 락|노래 악|좋아할 요	올 래	힘 력	늙을 로	여섯 륙	다스릴 리

				ㅁ	
里	利	林	立	萬	每
마을 리	이할 리	수풀 림	설 립	일만 만	매양 매
面	命	明	名	母	木
낮 면	목숨 명	밝을 명	이름 명	어머니 모	나무 목
文	聞	門	問	物	民
글월 문	들을 문	문 문	물을 문	물건 물	백성 민
ㅂ 班	反	半	發	放	方
나눌 반	돌이킬/돌아올 반	반 반	필 발	놓을 방	모 방
百	白	部	夫	父	北
일백 백	흰 백	떼 부	지아비 부	아버지 부	북녘 북|달아날 배
分	不	ㅅ 四	社	事	算
나눌 분	아닐 불	넉 사	모일 사	일 사	셈 산
山	三	上	色	生	書
메 산	석 삼	윗 상	빛 색	날 생	글 서
西	夕	先	線	雪	省
서녘 서	저녁 석	먼저 선	줄 선	눈 설	살필 성|덜 생
姓	成	世	所	消	小
성 성	이룰 성	인간 세	바 소	사라질 소	작을 소
少	手	數	水	術	時
적을 소	손 수	셈 수	물 수	재주 술	때 시

始 비로소 시	市 저자 시	食 밥/먹을 식	植 심을 식	神 귀신 신	身 몸 신
信 믿을 신	新 새 신	室 집 실	心 마음 심	十 열 십	ㅇ 安 편안 안
藥 약 약	弱 약할 약	語 말씀 어	業 업 업	然 그럴 연	午 낮 오
五 다섯 오	王 임금 왕	外 바깥 외	勇 날랠 용	用 쓸 용	右 오를/오른(쪽) 우
運 옮길 운	月 달 월	有 있을 유	育 기를 육	飮 마실 음	音 소리 음
邑 고을 읍	意 뜻 의	二 두 이	人 사람 인	一 한 일	日 날 일
入 들 입	ㅈ 字 글자 자	自 스스로 자	子 아들 자	昨 어제 작	作 지을 작
長 긴 장	場 마당 장	才 재주 재	電 번개 전	戰 싸움 전	前 앞 전
全 온전 전	庭 뜰 정	正 바를 정	弟 아우 제	題 제목 제	第 차례 제
祖 할아버지 조	足 발 족	左 왼 좌	注 부을 주	主 임금/주인 주	住 살 주

中	重	地	紙	直	集
가운데 중	무거울 중	땅 지	종이 지	곧을 직	모을 집
ㅊ 窓	川	千	天	淸	靑
창 창	내 천	일천 천	하늘 천	맑을 청	푸를 청
體	草	寸	村	秋	春
몸 체	풀 초	마디 촌	마을 촌	가을 추	봄 춘
出	七	ㅌ 土	ㅍ 八	便	平
날 출	일곱 칠	흙 토	여덟 팔	편할 편|똥오줌 변	평평할 평
表	風	ㅎ 下	夏	學	韓
겉 표	바람 풍	아래 하	여름 하	배울 학	한국/나라 한
漢	海	幸	現	形	兄
한수/한나라 한	바다 해	다행 행	나타날 현	모양 형	형 형
花	話	火	和	活	會
꽃 화	말씀 화	불 화	화할 화	살 활	모일 회
孝	後	休			
효도 효	뒤 후	쉴 휴			

독서/상태 한자

오름아, 뭐해?

숙제하려고 준비하고 있어.

무슨 숙젠데 그렇게 급하게[急] 해?

국어 숙제야. 책을 읽고[讀] 독후감을 써 가야 해.

내일까지인 숙제잖아!

후후, 내가 누구야. 다 방법이 있지.

어떤 방법? 벌써 밤 9시야.

짜잔! 동생 방에서 가져온 짧은 동화책으로 독후감을 쓰면 돼.

앗, 책에 글씨가 없고 그림뿐이야!

❶ 讀 읽을 독|구절 두 ❷ 童 아이 동 ❸ 話 말씀 화 ❹ 書 글 서 ❺ 文 글월 문
❻ 集 모을 집 ❼ 信 믿을 신 ❽ 勇 날랠 용 ❾ 幸 다행 행 ❿ 急 급할 급
⓫ 高 높을 고 ⓬ 弱 약할 약

점선 위로 겹쳐서 한자를 써 보세요.

연한 글씨 위로 겹쳐서 한자를 따라 써 보세요.

한자 1 | 부수 言 | 총 22획

讀 읽을 독 | 구절 두

돈을 세며 중얼거리는 모습에서 ❶⬜
(이)라는 뜻이 생겼어요. ❷⬜ (이)라는
뜻일 때는 '두'라고 읽어요.

답 ❶ 읽다 ❷ 구절

쓰는 순서 丶 亠 亠 言 言 言 言 言 訂 讀 讀 讀 讀 讀 讀 讀 讀 讀 讀 讀 讀 讀

읽을 독 | 구절 두 ⋮ 읽을 독 | 구절 두

한자 2 | 부수 立 | 총 12획

童 아이 동

나이가 적은 어린 사람을 일컫는 한자로
⬜을/를 뜻해요.

답 아이

쓰는 순서 丶 亠 立 立 立 产 音 音 音 童 童

아이 동 ⋮ 아이 동

한자 3 | 부수 言 | 총 13획

話 말씀 화

좋은 말을 해야 하고, 나쁜 말은 되도록 하지
말아야 함을 표현한 한자로 ⬜을/를
뜻해요.

답 말씀

쓰는 순서 丶 亠 亠 言 言 言 言 言 訐 訐 訐 話 話

말씀 화 ⋮ 말씀 화

모양이 비슷한 한자 活(살 활) 뜻이 비슷한 한자 語(말씀 어)

한자 기초 확인

1 다음 그림에서 친구들의 행동을 나타내는 한자를 찾아 선으로 이으세요.

2 다음 퀴즈의 답을 바르게 적은 친구를 찾아 ○표 하세요.

점선 위로 겹쳐서 한자를 써 보세요.

연한 글씨 위로 겹쳐서 한자를 따라 써 보세요.

한자 4   부수 曰 | 총 10획

書   글 서

손에 붓을 쥐고 글을 적는 모습을 나타낸 한자로 [　　　]을/를 뜻해요.

답 글

쓰는 순서 ㄱ ㄱ ㅋ ㅋ 聿 聿 書 書 書 書

書   書

글 서   글 서

뜻이 비슷한 한자 文(글월 문)

한자 5   부수 文 | 총 4획

文   글월 문

글씨가 모인 문서나 책을 나타낸 한자로 '문장'이나 [　　　]을/를 뜻해요.

답 글월(글)

쓰는 순서 ㆍ ㅡ ㅜ 文

文   文

글월 문   글월 문

뜻이 비슷한 한자 書(글 서)

한자 6   부수 隹 | 총 12획

集   모을 집

여러 마리의 새가 나무에 앉아 있는 모습에서 [　　　]을/를 뜻하게 되었어요.

답 모으다(모이다)

쓰는 순서 ノ イ イ 广 忙 忙 倥 隹 隹 隼 集 集

集   集

모을 집   모을 집

3 다음 그림에서 한자 '글월 문'을 따라가 보물을 찾으세요.

4 다음 한자의 뜻과 음(소리)으로 알맞은 퍼즐을 찾아 선으로 이으세요.

1 다음 한자의 음(소리)으로 알맞은 것을 찾아 ∨표 하세요.

讀

☐ 화   ☐ 독

2 다음 문장의 내용이 맞으면 '예', 틀리면 '아니요'에 ○표 하세요.

'話'의 뜻과 음(소리)은 '말씀 화'입니다.

예

아니요

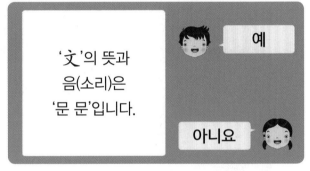

'文'의 뜻과 음(소리)은 '문 문'입니다.

예

아니요

3 다음 뜻에 알맞은 한자를 찾아 선으로 이으세요.

읽다

書

讀

글

4 다음 밑줄 친 낱말에 해당하는 한자를 보기 에서 찾아 그 번호를 쓰세요.

보기
① 書   ② 讀

작가가 책상에 앉아 글을 쓰고 있습니다.

➡ (   )

5 다음 밑줄 친 낱말에 해당하는 한자를 찾아 ○표 하세요.

아이들이 그림을 보며 이야기를 나누고 있습니다.

 話    童

6 다음 한자 카드에 들어갈 뜻과 음(소리)으로 알맞은 것에 ∨표 하세요.

集

☐ 모을 집   ☐ 읽을 독

점선 위로 겹쳐서 한자를 써 보세요.

연한 글씨 위로 겹쳐서 한자를 따라 써 보세요.

한자 1 부수 人(亻) | 총 9획

信 믿을 신

사람의 말은 거짓이 없어야 한다는 의미에서 [　　　　]을/를 뜻해요.

답 믿다

쓰는 순서 ノ イ イ' イ' 广 信 信 信 信

信	信						
믿을 신	믿을 신						

한자 2 부수 力 | 총 9획

勇 날랠 용

고리가 달린 무거운 종을 드는 사람의 모습에서 [　　　　] 또는 '용감하다'라는 뜻이 생겼어요.

답 날래다(날쌔다)

쓰는 순서 ㄱ ㄱ ㄱ' ㄱ' 马 马 禹 禹 勇 勇

勇	勇						
날랠 용	날랠 용						

한자 3 부수 干 | 총 8획

幸 다행 행

죄를 지은 사람을 잡는 도구를 나타낸 한자로 후에 [　　　　](이)라는 뜻이 생겼어요.

답 다행

쓰는 순서 一 十 土 キ 赤 赤 查 幸

幸	幸						
다행 행	다행 행						

▶정답 3쪽

1 다음 그림에서 한자 '날랠 용'이 적힌 옷을 입고 있는 친구를 찾아 ○표 하세요.

2 사다리를 타고 내려가 알맞은 한자의 뜻이나 음(소리)을 채워 보세요.

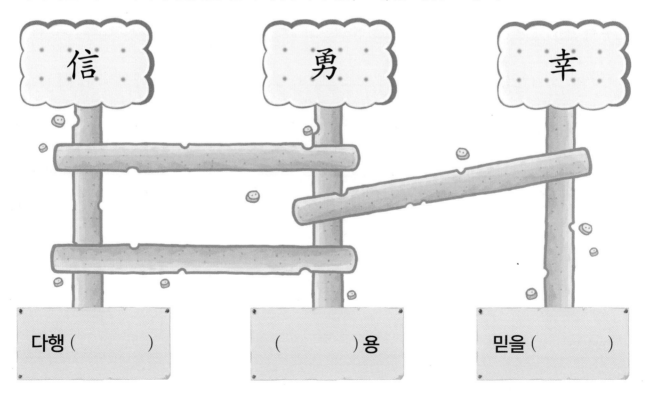

다행 (   )

(   ) 용

믿을 (   )

점선 위로 겹쳐서 한자를 써 보세요.

연한 글씨 위로 겹쳐서 한자를 따라 써 보세요.

한자 ④ 부수 心 | 총 9획

急 급할 급

쓰는 순서 ′ ′′ ′′ ′′ ′′ ′′ 急 急 急

急	急							
급할 급	급할 급							

떠나는 사람을 초조하게 붙잡는 모습을 그린 한자로 [   ]을/를 뜻해요.

답 급하다

한자 ⑤ 부수 高 | 총 10획

高 높을 고

쓰는 순서 ′ ′ ′′ ′′ ′′ ′′ 高 高 高 高

高	高							
높을 고	높을 고							

높게 지어진 건물을 그린 한자로 [   ]을/를 뜻해요.

답 높다

한자 ⑥ 부수 弓 | 총 10획

弱 약할 약

쓰는 순서 ′ ′ 弓 弓 弓 弓 弓 弱 弱 弱

弱	弱							
약할 약	약할 약							

힘이 약해 활시위가 파르르 떨리는 모습에서 [   ](이)라는 뜻이 생겼어요.

답 약하다

---

3 다음 그림과 관련이 있는 한자를 찾아 선으로 이으세요.

4 다음 그림에서 한자의 뜻과 음(소리)을 바르게 말한 동물을 찾아 ○표 하세요.

1 다음 한자의 뜻과 음(소리)으로 알맞은 것을 찾아 선으로 이으세요.

急 • • 높다 • • 급

高 • • 급하다 • • 고

2 다음 한자의 뜻과 음(소리)으로 알맞은 것을 찾아 ○표 하세요.

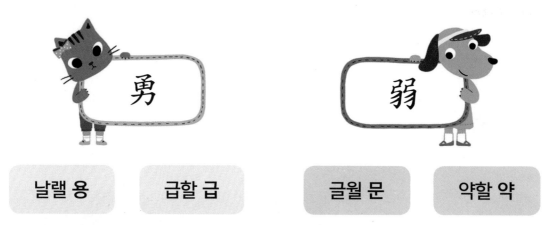

勇

날랠 용   급할 급

弱

글월 문   약할 약

3 다음에서 뜻이 '다행'인 한자를 찾아 ○표 하세요.

急

話   幸

4 다음 밑줄 친 말에 해당하는 한자를 찾아 ○표 하세요.

새가 하늘 높이 날고 있습니다.

高   幸

5 다음 한자의 뜻과 음(소리)을 쓰세요.

信   [   ]을/를
뜻하고,
[ ](이)라고
읽습니다.

[   ]을/를
뜻하고,
[ ](이)라고
읽습니다.   急

6 다음 밑줄 친 한자의 음(소리)으로 알맞은 것을 찾아 ○표 하세요.

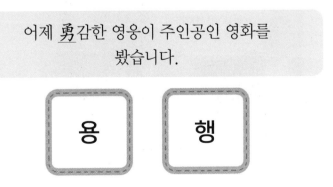

어제 勇감한 영웅이 주인공인 영화를
봤습니다.

용   행

대표 한자어 | 01 |

동 화

童	話
아이 동	말씀 화

뜻 어린이가 읽고 즐기는 이야기.

내가 제일 좋아하는
童話(동화)는
'피노키오'야.

동 심

童	心
아이 동	마음 심

뜻 어린아이의 마음.

나는 순수한
童心(동심)을 담은
'어린 왕자'를 가장
재미있게 읽었어.

대표 한자어 | 02 |

독 서

讀	書
읽을 독	글 서

뜻 책을 읽음.

가을은
讀書(독서)의
계절이야.

대표 한자어 | 03 |

민 화

民	話
백성 민	말씀 화

뜻 민간에 전해 내려오는 옛날이야기.

우리
民話(민화)에는
호랑이가 자주
등장해.

대표 한자어 04

문집

文	集
글월 문	모을 집

뜻 시나 문장을 모아 엮은 책.

문서

文	書
글월 문	글 서

뜻 글을 적은 종이나 책.

우리가 직접 쓴 글을 모아 학급 文集(문집)을 만들자.

문집에 실을 文書(문서)는 학급 홈페이지에 올리자.

대표 한자어 05

집중

集	中
모을 집	가운데 중

뜻 한 곳을 중심으로 모임. 한 가지 일에 모든 힘을 쏟아부음.

공연장에서 노래를 하는 가수에게 사람들의 시선이 集中(집중)되었어.

대표 한자어 06

고 수

高	手
높을 고	손 수

뜻 기술이나 능력이 매우 뛰어난 사람.

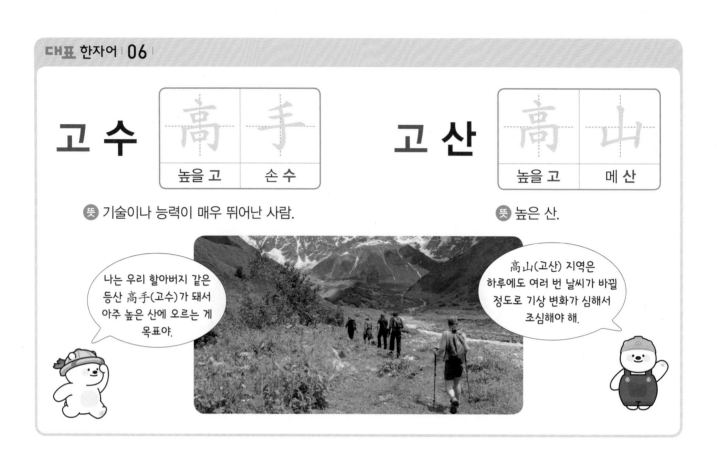

나는 우리 할아버지 같은 등산 高手(고수)가 돼서 아주 높은 산에 오르는 게 목표야.

고 산

高	山
높을 고	메 산

뜻 높은 산.

高山(고산) 지역은 하루에도 여러 번 날씨가 바뀔 정도로 기상 변화가 심해서 조심해야 해.

대표 한자어 07

용 기

勇	氣
날랠 용	기운 기

뜻 씩씩하고 굳센 기운.

소방관들의 勇氣(용기) 덕분에 많은 사람들이 목숨을 구했어.

대표 한자어 08

불 행

不	幸
아닐 불	다행 행

뜻 행복하지 아니함.

우리는 어떤 不幸(불행)이 와도 이겨낼 수 있어.

자 신

自	信
스스로 자	믿을 신

뜻 어떤 일을 해낼 수 있다는 믿음.

自信(자신)을 갖고 노력한 덕분에 준비한 대회에서 우승을 할 수 있었어.

항상 널 응원해!

서 신

書	信
글 서	믿을 신

뜻 편지.

큰 대회에서 우승한 친구에게 書信(서신)을 써서 축하하는 마음을 표현해야지.

심 약

心	弱
마음 심	약할 약

뜻 마음이 여리고 약함.

내 친구는 心弱(심약)해서 무서운 영화를 보고 밤에 잠을 설쳤어.

1 다음 문장의 내용이 맞으면 '예', 틀리면 '아니요'에 ◯표 하세요.

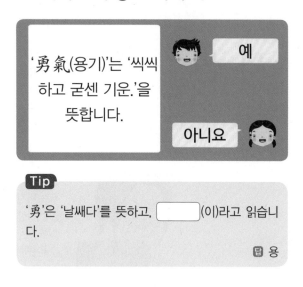

'勇氣(용기)'는 '씩씩하고 굳센 기운.'을 뜻합니다.

예

아니요

Tip

'勇'은 '날쌔다'를 뜻하고, ☐(이)라고 읽습니다.

🔂 용

2 다음 ◌에 알맞은 글자를 넣어 낱말을 만드세요.

책을 읽음.

◯ 서

Tip

☐은/는 '글'을 뜻하고, '서'라고 읽습니다.

🔂 書

3 다음 뜻에 해당하는 한자어를 찾아 선으로 이으세요.

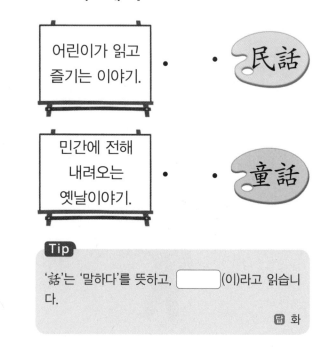

어린이가 읽고 즐기는 이야기. •

민간에 전해 내려오는 옛날이야기. •

• 民話

• 童話

Tip

'話'는 '말하다'를 뜻하고, ☐(이)라고 읽습니다.

🔂 화

4 '童心(동심)'의 뜻을 바르게 설명한 것에 ◯표 하세요.

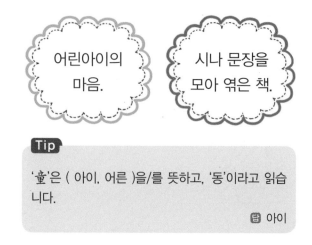

어린아이의 마음.

시나 문장을 모아 엮은 책.

Tip

'童'은 (아이, 어른)을/를 뜻하고, '동'이라고 읽습니다.

🔂 아이

5 다음 ◯에 공통으로 들어갈 말을 한자로 바르게 나타낸 것에 ∨표 하세요.

> • ◯중: 한 곳을 중심으로 모임.
>
> • 문◯: 시나 문장을 모아 엮은 책.

☐ 幸   ☐ 集

Tip

'集'은 '모으다(모이다)'를 뜻하고, ☐(이)라고 읽습니다.

🖐 답 집

6 다음 설명 에 해당하는 한자어를 찾아 ◯표 하세요.

> 설명
> 마음이 여리고 약함.

 文書    心弱

Tip

'弱'은 ☐을/를 뜻하는 한자입니다.

🖐 답 약하다

7 다음 낱말 퍼즐을 푸세요.

가로 열쇠

❶ 높은 산.
❷ 민간에 전해 내려오는 옛날이야기.
❺ 편지.

세로 열쇠

❶ 기술이나 능력이 매우 뛰어난 사람.
❸ 어린이가 읽고 즐기는 이야기.
❹ 어떤 일을 해낼 수 있다는 믿음.

Tip

'기술이나 능력이 매우 뛰어난 사람.'을 말하는 한자어는 (高手, 高山)입니다.

🖐 답 高手

전략 1 한자어의 음(소리) 쓰기

다음 밑줄 친 漢字語한자어의 讀音(독음: 읽는 소리)을 쓰세요.

> **보기**
>
> 安全 → 안전

• 한 분야의 <u>高手</u>가 되기 위해서는 꾸준한 노력이 필요합니다. → (   )

답 고수

필수 예제 01

다음 밑줄 친 漢字語한자어의 讀音(독음: 읽는 소리)을 쓰세요.

> **보기**
>
> 空中 → 공중

(1) 이 이야기는 <u>童心</u>의 세계를 그리고 있습니다. → (   )

(2) 내가 쓴 글이 <u>文集</u>에 실렸습니다. → (   )

> 먼저 문장의 내용을 파악하고 한자어를 읽어 보도록 합니다.

(3) 행복과 <u>不幸</u>은 마음먹기에 달렸습니다. → (   )

전략 2 한자의 뜻과 음(소리) 쓰기

다음 漢字한자의 訓(훈: 뜻)과 音(음: 소리)을 쓰세요.

> **보기**
>
> 主 ➡ 임금/주인 주

• 讀 ➡ ( )

필수 예제 02

다음 漢字한자의 訓(훈: 뜻)과 音(음: 소리)을 쓰세요.

> **보기**
>
> 有 ➡ 있을 유

(1) 幸 ➡ ( )

(2) 書 ➡ ( )

(3) 急 ➡ ( )

> 한자의 훈과 음은
> 반드시 '한국어문회'에서
> 제시한 대표 뜻과 음(소리)으로
> 써야 합니다.

전략 **3**   한자어를 구성하는 한자 찾기

다음 문장에 어울리는 漢字語한자어가 되도록 (   ) 안에 알맞은 漢字한자를 보기 에서 찾아 그 번호를 쓰세요.

> 보기
>
> ① 集   ② 勇   ③ 文   ④ 童

- (   )書를 작성하는 방법을 배웠습니다. ➡ (   )

답 ③

필수 예제 03

다음 문장에 어울리는 漢字語한자어가 되도록 (   ) 안에 알맞은 漢字한자를 보기 에서 찾아 그 번호를 쓰세요.

> 보기
>
> ① 信   ② 高   ③ 讀   ④ 話

(1) (   )山 지대의 날씨는 변덕스럽습니다. ➡ (   )

(2) 무슨 일이든 잘할 自(   )이 있습니다. ➡ (   )

> 먼저 글 속에 쓰인 말의 뜻을 알아내고, 그 뜻에 해당하는 한자를 찾도록 합니다.

(3) 할아버지의 취미는 民(   )를 읽는 것입니다. ➡ (   )

전략 4 제시된 뜻에 맞는 한자어 찾기

다음 뜻에 맞는 漢字語한자어를 보기 에서 찾아 그 번호를 쓰세요.

보기

① 自信   ② 文書   ③ 文集   ④ 童話

• 어린이가 읽고 즐기는 이야기. ➡ (   )

답 ④

필수 예제 04

다음 뜻에 맞는 漢字語한자어를 보기 에서 찾아 그 번호를 쓰세요.

보기

① 書信   ② 不幸   ③ 勇氣   ④ 讀書

(1) 씩씩하고 굳센 기운. ➡ (   )

(2) 편지. ➡ (   )

한자어의 뜻이 생각나지 않을 때는 한자의 뜻을 조합하여 문제를 풀어 봅시다.

(3) 행복하지 아니함. ➡ (   )

[한자어의 음(소리) 쓰기]

1 다음 밑줄 친 漢字語한자어의 讀音(독음: 읽는 소리)을 쓰세요.

우리 마을에는 편의 시설이
集中되어 있습니다.

→ (   )

Tip
'集'은 '모으다'를 뜻하고, '집'이라고 읽습니다.

[한자어의 음(소리) 쓰기]

2 다음 밑줄 친 漢字語한자어의 讀音(독음: 읽는 소리)을 쓰세요.

할머니가 아이들에게 **童話**를 읽어
주고 있습니다.

→ (   )

Tip
'話'는 '말하다'를 뜻하고, '화'라고 읽습니다.

[한자의 뜻과 음(소리) 쓰기]

3 다음 漢字한자의 訓(훈: 뜻)과 音(음: 소리)을 쓰세요.

> **보기**
>
> 中 ➡ 가운데 **중**

· 弱 ➡ (   )

Tip
'弱'은 '약'이라고 읽습니다.

[한자의 뜻과 음(소리) 쓰기]

4 다음 漢字한자의 訓(훈: 뜻)과 音(음: 소리)을 쓰세요.

> **보기**
>
> 心 ➡ 마음 **심**

· 幸 ➡ (   )

Tip
'幸'은 '다행'을 뜻합니다.

[한자어를 구성하는 한자 찾기]

5 다음 문장에 어울리는 *漢字語*한자어가 되도록 (　　) 안에 알맞은 *漢字*한자를 보기 에서 찾아 그 번호를 쓰세요.

Tip
'용기'는 '씩씩하고 굳센 기운.'을 뜻하는 말입니다.

> 보기
> ① 勇　　② 文　　③ 高　　④ 信

• 높은 곳에 올라가기 위해 (＿＿＿)氣를 냈습니다.

➡ (　　　　　　)

[제시된 뜻에 맞는 한자어 찾기]

6 다음 뜻에 맞는 *漢字語*한자어를 보기 에서 찾아 그 번호를 쓰세요.

Tip
'高'는 '높다'를 뜻하고, '고'라고 읽습니다.

> 보기
> ① 童心　　② 高山　　③ 勇氣　　④ 文集

• 높은 산. ➡ (　　　　　)

[제시된 뜻에 맞는 한자어 찾기]

7 다음 뜻에 맞는 *漢字語*한자어를 보기 에서 찾아 그 번호를 쓰세요.

Tip
'信'은 '믿다'를 뜻하고, '신'이라고 읽습니다.

> 보기
> ① 文書　　② 讀書　　③ 高手　　④ 自信

• 어떤 일을 해낼 수 있다는 믿음. ➡ (　　　　　　)

누구나 만점 전략

01 다음 ⬜ 안에 들어갈 알맞은 한자에 ○표 하세요.

다락방에서 할아버지의 오래된 문 ⬜ 을 찾았습니다.

(急 / 集)

02 다음 한자의 뜻과 음(소리)을 쓰세요.

> 보기
>
> 空 ➡ 빌 공

(1) 信 ➡ ( )

(2) 勇 ➡ ( )

03 다음 밑줄 친 한자어의 음(소리)을 쓰세요.

> 어머니께 <u>書信</u>으로 안부를 전했습니다.

➡ ( )

04 다음 ⬜ 안에 들어갈 알맞은 한자를 보기 에서 찾아 그 번호를 쓰세요.

> 보기
>
> ① 文   ② 弱   ③ 童

• 心 ⬜ : 마음이 여리고 약함.

➡ ( )

05 다음 뜻과 음(소리)에 해당하는 한자를 보기 에서 찾아 그 번호를 쓰세요.

> 보기
>
> ① 急   ② 文   ③ 幸

• 급할 급 ➡ ( )

06 다음 문장에 어울리는 한자어가 되도록 ( ) 안에 알맞은 한자를 보기 에서 찾아 그 번호를 쓰세요.

보기
① 話   ② 信   ③ 文

• 온라인으로 (   )書를 발급받았습니다.

➡ (   )

07 다음 문장의 ☐☐ 에 어울리는 한자어를 보기 에서 찾아 그 번호를 쓰세요.

보기
① 高山 ② 讀書 ③ 民話

• ☐☐ 의 계절인 가을을 맞아, 소설책을 한 권 읽었습니다.

➡ (   )

08 다음 뜻에 해당하는 한자어를 보기 에서 찾아 그 번호를 쓰세요.

보기
① 不幸 ② 自信 ③ 勇氣

• 행복하지 아니함.

➡ (   )

09 다음 밑줄 친 낱말에 해당하는 한자어를 보기 에서 찾아 그 번호를 쓰세요.

보기
① 文集 ② 童心 ③ 集中

• 우리 팀은 공격수가 부족하여 수비에 더 집중하였습니다.

➡ (   )

10 '어떤 일을 해낼 수 있다는 믿음.'을 뜻하는 한자어를 찾아 ◯표 하세요.

高手   自信

드림이 엄청 集中하고 있네. 讀書하고 있어?

아니. 부모님께 드릴 말씀이 있는데 말씀드릴 自信이 없어서 고민하고 있어.

편지를 써서 말씀드리는 건 어때?

書信을 써서 말씀드려!

편지랑 書信은 같은 말이잖아.

좋은 생각이야! 그런데 書信은 어떻게 쓰는 거지?

내가 알려 줄게! 書信은 이렇게 쓰면 돼.

받는 사람의 호칭

인사말
상대방의 안부, 자기의 안부
편지를 쓰는 사연
주요 내용

끝인사

편지 쓴 날짜
보내는 사람의 이름

그런데 부모님께 무슨 말씀을 드리려고?

그게 사실은 부모님이 아끼는 장식품을 깨트려서······.

으이구!

1 위 대화를 읽고, 서신을 쓸 때 가장 먼저 적어야 하는 것은 무엇인지 쓰세요.

➜ ( )

창의 융합

2 위 대화를 읽고, 높은 산이나 파도가 심한 바다에서 응급 상황이 발생했을 때 이용하는 특별한 이동 수단을 쓰세요.

➡ (   )

코딩

1 '출발' 지점에서 **명령어**에 따라 주어진 방향으로 한 칸씩 이동했을 때 뽑을 수 있는 한자의 뜻을 쓰세요.

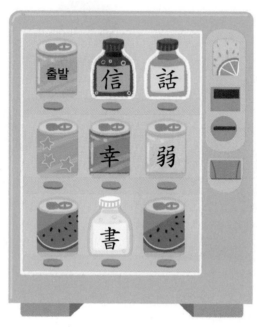

• 한자의 뜻

→ (   )

창의 융합

2 다음 안전 수칙을 읽어 보고, 밑줄 친 말에 해당하는 한자를 **보기**에서 찾아 그 번호를 쓰세요.

보기

① 急   ② 話   ③ 高   ④ 讀

(1) 건널목을 건널 땐 급하게 뛰지 않고 좌우를 살피며 손을 들고 건너야 합니다. → (   )

(2) 높은 곳에 올라가 장난을 치면 위험합니다. → (   )

3 두더지가 가족들과 만날 수 있도록 모양 조각을 끼워서 길을 완성하고, 사용한 조각에 연결된 한자를 순서대로 이어 만든 한자어를 쓰세요.

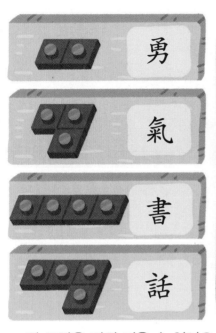

勇

氣

書

話

※ 각 조각은 겹쳐 끼울 수 없어요.

답

4 다음 글을 읽고, 글의 내용이 설명하는 한자어를 보기 에서 찾아 쓰세요.

보기

高山　　心弱　　童話

　이것은 어린이가 읽고 즐기는 이야기로, '아기 돼지 삼 형제', '선녀와 나무꾼' 등이 있습니다.

답

코딩

5 어린 왕자가 다음 순서도에 따라 행성을 여행하려고 합니다. 어린 왕자가 깃발을 꽂은 행성에 적힌 한자를 찾아 ○표 하고, 그 음(소리)을 쓰세요.

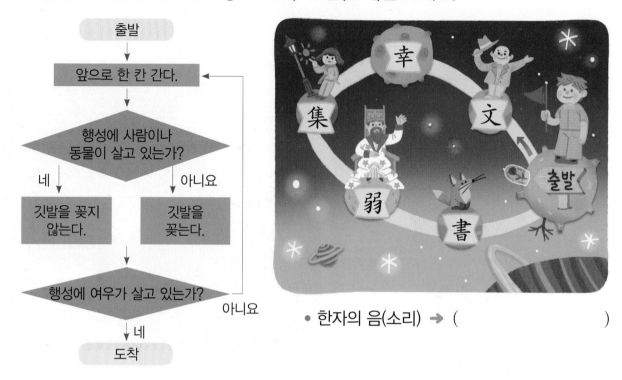

출발

앞으로 한 칸 간다.

행성에 사람이나 동물이 살고 있는가?

네   아니요

깃발을 꽂지 않는다.   깃발을 꽂는다.

행성에 여우가 살고 있는가?   아니요

네

도착

• 한자의 음(소리) ➔ (　　　　　　　　　　)

창의 융합

6 다음 그림에서 '讀書'를 하고 있는 친구를 찾아 ○표 하세요.

7 세 개의 섬 주민들이 자유롭게 왕래할 수 있도록 다리를 건설하려고 합니다. 조건 에 맞게 다리를 놓고, 다리에 적힌 한자를 활용하여 한자어를 만들어 보세요.

조건

• 다리는 두 개만 건설할 수 있습니다.
• 최소 비용으로 건설해야 합니다.
• 각각의 다리에 건설에 필요한 비용이 적혀 있습니다.
• 한자를 적을 때는 건설 비용이 적은 다리의 한자를 먼저 적습니다.

답

8 다음 글을 읽고, 밑줄 친 한자어의 음(소리)을 쓰세요.

통신 수단은 정보를 전달하는 데 사용하는 방법이나 도구를 말합니다. 오늘날 사람들은 과학 기술의 발달로 일상생활에서 휴대전화 등 다양한 통신 수단을 이용합니다.
반면에 과학 기술이 발달하지 않았던 먼 옛날에는 __書信__ 을 보내거나 먼 곳까지 직접 가서 소식이나 일을 알렸습니다. 적이 쳐들어오거나 위급한 상황이 발생했을 때 옛날 사람들은 봉수, 신호연, 새, 북 등을 이용해 소식을 전했다고 합니다.

• 書信 → ()

신문/집 한자

일어나! 오늘은 집[堂]을 대청소하기로 한 날이잖아.

쿨쿨.

내가 부른 거 듣고도[聞] 자는 척하는 거 다 알아. 그만 일어나.

으으... 알았어.

자, 드림이도 일어났으니 대청소를 해 볼까?

우선 창(窓)문을 닦자!

창문은 신문지로 깨끗하게 청소할 수 있어. 이렇게 신문지를 구겨서 쓱쓱 싹싹!

❶ 新 새 신　　❷ 聞 들을 문　　❸ 作 지을 작　　❹ 題 제목 제　　❺ 記 기록할 기

❻ 事 일 사　　❼ 堂 집 당　　❽ 窓 창 창　　❾ 住 살 주　　❿ 庭 뜰 정

⓫ 花 꽃 화　　⓬ 植 심을 식

바닥도 쓸고 닦자.

그럼 나는 먼지를 털게.

빨래도 해야지.

청소 끝! 새[新]집같이 깨끗해졌어. 오늘의 착한 일은 꼭 일기에 적어야지[記].

끝이라니, 무슨 소리! 이제 뜰[庭]에 꽃[花]을 심으러[植] 가 볼까?

꽃을 심는다고? 나는 메리 산책시키러 다녀올게!

집도 깔끔해졌으니까 이번 주에는 신문과 집에 관한 한자를 알아보자!

점선 위로 겹쳐서 한자를 써 보세요.

연한 글씨 위로 겹쳐서 한자를 따라 써 보세요.

한자 ① 부수 斤 | 총 13획

新 새 신

나무를 잘라서 새로운 물건을 만드는 모습에서 ☐을/를 뜻하게 되었어요.

답 새(새것)

쓰는 순서 丶 亠 亠 亠 立 立 辛 辛 亲 新 新 新 新

新	新						
새 신	새 신						

한자 ② 부수 耳 | 총 14획

聞 들을 문

문밖에서 나는 소리를 귀 기울여 듣는 모습에서 ☐을/를 뜻하게 되었어요.

답 듣다

쓰는 순서 丨 丨 丨 丨 丨 門 門 門 門 門 門 聞 聞 聞

聞	聞						
들을 문	들을 문						

모양이 비슷한 한자 門(문 문), 問(물을 문)

한자 ③ 부수 人(亻) | 총 7획

作 지을 작

바느질하며 옷을 만드는 모습에서 ☐ 또는 '만들다'라는 뜻이 생겼어요.

답 짓다

쓰는 순서 丿 亻 亻 仁 作 作 作

作	作						
지을 작	지을 작						

---

1 다음 그림에서 한자 '새 신'을 찾아 ○표 하세요.

2 다음 그림에서 뜻과 음(소리)에 해당하는 한자를 찾아 선으로 이으세요.

점선 위로 겹쳐서 한자를 써 보세요.

연한 글씨 위로 겹쳐서 한자를 따라 써 보세요.

한자 4 부수 頁 | 총 18획

題 제목 제

題 비누 방울 목일신

글의 시작이나 내용에 붙이는 이름을 표현한 한자로 [   ](이)나 '머리말'을 뜻해요.

답 제목

쓰는 순서 丨 冂 日 日 旦 早 旱 昇 是 是 是 題 題 題 題 題 題 題

題	題							
제목 제	제목 제							

한자 5 부수 言 | 총 10획

記 기록할 기

記

뒤섞인 일을 순서대로 적는 일을 표현한 한자로 [   ]을/를 뜻해요.

답 기록하다

쓰는 순서 丶 亠 二 三 言 言 言 記 記 記

記	記							
기록할 기	기록할 기							

한자 6 부수 亅 | 총 8획

事 일 사

事

제사를 지내며 점을 치는 주술 도구를 손에 쥔 모습에서 [   ](이)라는 뜻이 생겼어요.

답 일

쓰는 순서 一 ㄱ 冂 戸 弖 写 写 事

事	事							
일 사	일 사							

3 다음 그림에서 한자 '기록할 기'가 적힌 노트를 찾아 ○표 하세요.

4 다음 그림에서 한자의 뜻과 음(소리)으로 알맞은 것을 찾아 선으로 이으세요.

1 다음 한자의 뜻과 음(소리)으로 알맞은 것을 찾아 선으로 이으세요.

聞

듣다

작

作

짓다

문

2 다음 한자의 뜻과 음(소리)으로 알맞은 것을 찾아 ○표 하세요.

記

뜻	음(소리)
읽다	독
말하다	기
기록하다	화

3 다음 음(소리)에 해당하는 한자를 찾아 ○표 하세요.

제

題

事

新

4 다음 문장의 내용이 맞으면 '예', 틀리면 '아니요'에 ○표 하세요.

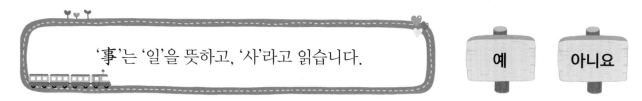

'事'는 '일'을 뜻하고, '사'라고 읽습니다.

예   아니요

5 다음 밑줄 친 낱말에 해당하는 한자를 찾아 ○표 하세요.

이 이야기의 <u>제목</u>은 '흥부와 놀부'입니다.

新   題

6 다음 뜻과 음(소리)에 해당하는 한자를 보기 에서 찾아 그 번호를 쓰세요.

보기
① 新   ② 作   ③ 題   ④ 記

(1) 지을 작 ➡ (   )

(2) 새 신 ➡ (   )

점선 위로 겹쳐서 한자를 써 보세요.

연한 글씨 위로 겹쳐서 한자를 따라 써 보세요.

한자 1 부수 土 | 총 11획

堂 집 당

흙을 높이 쌓아 올린 곳에 세운 집을 표현한 한자로 [ ]을/를 뜻해요.

답 집

쓰는 순서 `⺌ ⺌ ⺌ ⺌ ⺌ ⺌ 尚 尚 堂 堂 堂`

堂	堂						
집 당	집 당						

뜻이 비슷한 한자 家(집 가)

한자 2 부수 穴 | 총 11획

窓 창 창

집에서 밖을 내다볼 수 있는 창문의 모양을 나타낸 한자로 [ ]을/를 뜻해요.

답 창문

쓰는 순서 `⺀ ⺀ 宀 宀 宛 空 窓 窓 窓 窓 窓`

窓	窓						
창 창	창 창						

한자 3 부수 人(亻) | 총 7획

住 살 주

사람이 사는 집에는 불이 켜져 있다는 의미에서 [ ]을/를 뜻하게 되었어요.

답 살다

쓰는 순서 `丿 亻 亻 𠆢 住 住 住`

住	住						
살 주	살 주						

모양이 비슷한 한자 主(임금/주인 주)

1 아기 돼지 삼 형제가 늑대를 피해 집을 지을 수 있도록 한자의 뜻과 음(소리)으로 알맞은 것을 찾아 선으로 이으세요.

2 다음 그림에서 한자 '住'의 뜻을 바르게 말한 동물을 찾아 ○표 하세요.

점선 위로 겹쳐서 한자를 써 보세요.

연한 글씨 위로 겹쳐서 한자를 따라 써 보세요.

한자 4 · 부수 广 | 총 10획

庭 뜰 정

임금과 신하들이 업무를 보던 마당을 표현한 한자로 [　　　]을/를 뜻해요.

답 뜰

쓰는 순서 丶 一 广 广 庐 庐 庭 庭 庭 庭

庭 庭

뜰 정　뜰 정

한자 5 · 부수 艸(艹) | 총 8획

花 꽃 화

땅속에 뿌리를 내리고 꽃을 피운 모습에서 [　　　]을/를 뜻하게 되었어요.

답 꽃

쓰는 순서 一 十 卄 艹 艹 芢 花 花

花 花

꽃 화　꽃 화

한자 6 · 부수 木 | 총 12획

植 심을 식

나무를 곧게 세워서 심는 모습을 나타낸 한자로 [　　　]을/를 뜻해요.

답 심다

쓰는 순서 一 十 才 木 杧 柿 柿 柿 植 植 植

植 植

심을 식　심을 식

모양이 비슷한 한자 直(곧을 직)

3 다음 그림에서 뜻과 음(소리)에 해당하는 한자를 찾아 선으로 이으세요.

4 다음 그림에서 한자 '심을 식'을 찾아 ○표 하세요.

1 다음 그림과 관련이 있는 한자를 찾아 선으로 이으세요.

· 堂

· 花

2 다음 한자의 뜻과 음(소리)으로 알맞은 것을 찾아 ○표 하세요.

| 살 주 | 뜰 정 | 꽃 화 | 심을 식 |

3 다음 한자의 음(소리)으로 알맞은 것을 찾아 ○표 하세요.

문   창   당

4 다음 밑줄 친 말에 해당하는 한자를 찾아 ○표 하세요.

화단에 <u>심은</u> 씨앗이 싹을 틔웠습니다.

植   庭

5 다음 한자에 해당하는 뜻과 음(소리)을 보기 에서 찾아 그 번호를 쓰세요.

보기

① 집 당   ② 꽃 화   ③ 창 창

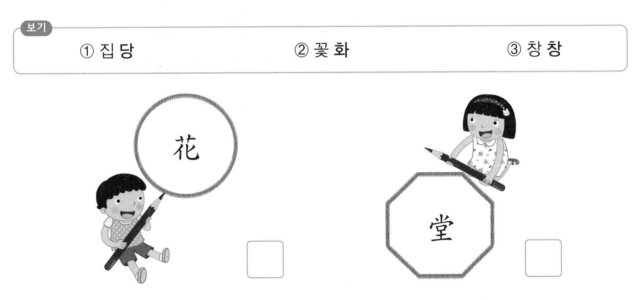

花

堂

6 다음 한자의 뜻과 음(소리)을 쓰세요.

庭

[   ]을/를
뜻하고,
[   ](이)라고
읽습니다.

[   ]을/를
뜻하고,
[   ](이)라고
읽습니다.

住

대표 한자어 01

신 작
新 作
새 신 | 지을 작

뜻 새로 지어 만듦. 또는 그 작품.

작 가
作 家
지을 작 | 집 가

뜻 문학 작품 등의 예술품을 창작하는 사람.

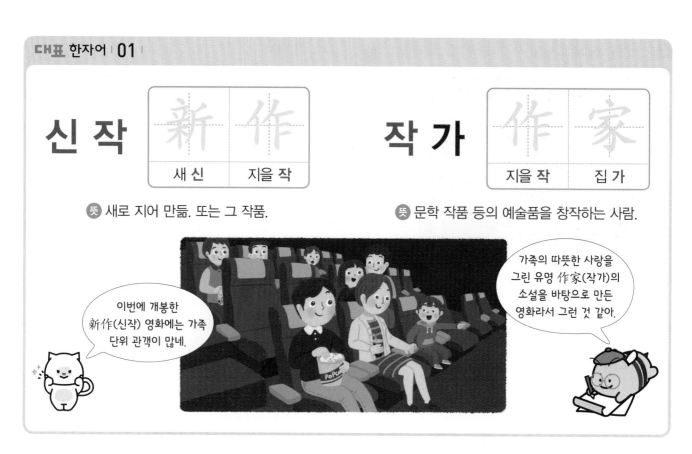

이번에 개봉한 新作(신작) 영화에는 가족 단위 관객이 많네.

가족의 따뜻한 사랑을 그린 유명 作家(작가)의 소설을 바탕으로 만든 영화라서 그런 것 같아.

대표 한자어 02

신 문
新 聞
새 신 | 들을 문

뜻 새로운 소식을 전달하기 위한 정기 간행물.

○○ 신문

스포츠 新聞(신문)에서 어제 있었던 축구 경기에 대한 기사를 읽었어.

대표 한자어 03

소 문
所 聞
바 소 | 들을 문

뜻 사람들 입에 오르내려 들리는 말.

그 식당의 피자는 所聞(소문)대로 맛있어.

대표 한자어 04

문제

問	題
물을 문	제목 제

뜻 해답을 요구하는 물음.

주제

主	題
임금/주인 주	제목 제

뜻 중심이 되는 문제나 내용.

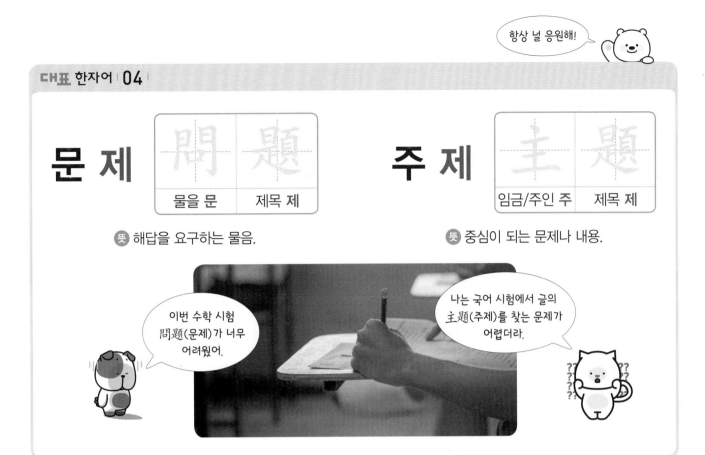

이번 수학 시험 問題(문제)가 너무 어려웠어.

나는 국어 시험에서 글의 主題(주제)를 찾는 문제가 어렵더라.

대표 한자어 05

후 기

後	記
뒤 후	기록할 기

뜻 뒷날의 기록.

미술 전시회의 後記(후기)가 좋아서 다녀왔는데, 정말 멋졌어.

대표 한자어 06

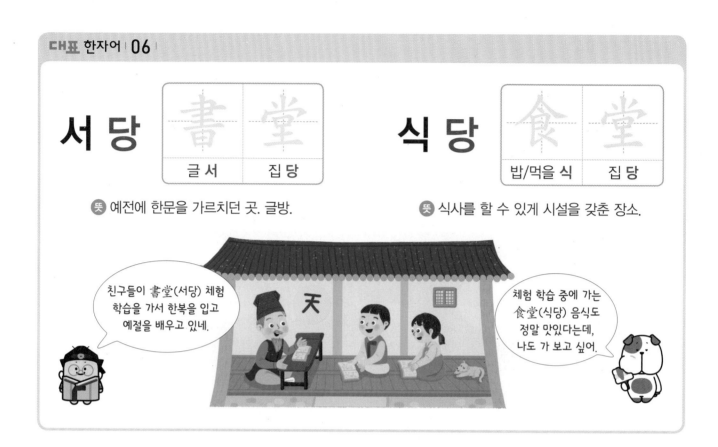

서당

書	堂
글 서	집 당

뜻 예전에 한문을 가르치던 곳. 글방.

친구들이 書堂(서당) 체험 학습을 가서 한복을 입고 예절을 배우고 있네.

식당

食	堂
밥/먹을 식	집 당

뜻 식사를 할 수 있게 시설을 갖춘 장소.

체험 학습 중에 가는 食堂(식당) 음식도 정말 맛있다는데, 나도 가 보고 싶어.

대표 한자어 07

입주

入	住
들 입	살 주

뜻 새집에 들어가 삶.

다음 달에 入住(입주) 하기 위해 가족들과 이삿짐을 꾸렸어.

대표 한자어 08

가정

家	庭
집 가	뜰 정

뜻 한 가족이 생활하는 집.

家庭(가정)의 달을 맞아 나들이를 떠나는 가족들이 많아.

대표 한자어 09

창 문

窓	門
창 창	문 문

뜻 밖을 내다볼 수 있도록 벽이나 지붕에 낸 문.

동 창

同	窓
한가지 동	창 창

뜻 같은 학교에서 공부를 한 사이.

우리 집은
窓門(창문)으로
해가 잘 들어.

나는 초등학교
同窓(동창)과
같이 살고 있어.

대표 한자어 10

국 화

國	花
나라 국	꽃 화

뜻 한 나라를 상징하는 꽃.

우리나라의
國花(국화)인 무궁화는
여름부터 가을에 걸쳐서
꽃이 펴.

1 다음 그림과 관련이 있는 한자어를 찾아 선으로 이으세요.

· 食堂

· 新聞

Tip

'堂'은 (숲, 집)을 뜻하고, '당'이라고 읽습니다.

탑 집

3 다음 ○에 들어갈 알맞은 한자에 ∨표 하세요.

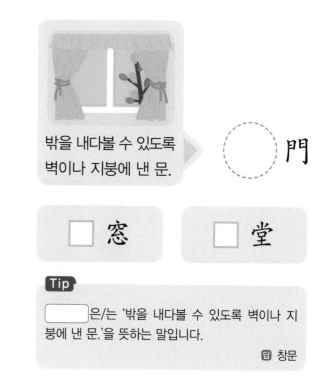

밖을 내다볼 수 있도록 벽이나 지붕에 낸 문.

◯門

☐ 窓   ☐ 堂

Tip

[   ]은/는 '밖을 내다볼 수 있도록 벽이나 지붕에 낸 문.'을 뜻하는 말입니다.

탑 창문

2 '같은 학교에서 공부를 한 사이.'를 뜻하는 한자어를 찾아 ○표 하세요.

家庭   同窓

Tip

'窓'은 [   ]을/를 뜻하고, '창'이라고 읽습니다.

탑 창

4 다음 ○에 공통으로 들어갈 말을 한자로 바르게 나타낸 것에 ∨표 하세요.

· 신◯ : 새로 지어 만듦. 또는 그 작품.
· ◯가 : 문학 작품 등의 예술품을 창작하는 사람.

☐ 題   ☐ 作

Tip

'作'은 '짓다'를 뜻하고, (작, 제)(이)라고 읽습니다.

탑 작

5 다음 밑줄 친 한자어의 음(소리)을 쓰세요.

> 그림 솜씨가 뛰어나다고 <u>所聞</u>난 화가의 전시회에 다녀왔습니다.

→ (　　　　　　　)

Tip

'聞'은 '듣다'를 뜻하고. ☐(이)라고 읽습니다.

📝 문

6 '主題(주제)'의 뜻을 바르게 설명한 것에 ○표 하세요.

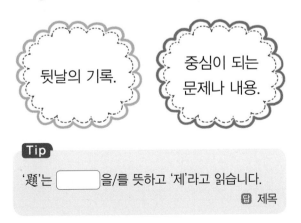

뒷날의 기록.

중심이 되는 문제나 내용.

Tip

'題'는 ☐을/를 뜻하고 '제'라고 읽습니다.

📝 제목

7 다음 한자어판에서 설명에 해당하는 한자어를 찾아 ○표 하세요.

설명

> 한 가족이 생활하는 집.

新	作	家
童	窓	庭
話	聞	記

Tip

☐은/는 '뜰'을 뜻하고 '정'이라고 읽습니다.

📝 庭

전략 1   한자어의 음(소리) 쓰기

다음 밑줄 친 漢字語한자어의 讀音(독음: 읽는 소리)을 쓰세요.

> 보기
>
> 童話 → 동화

- <u>窓門</u>으로 햇빛이 가득 들어와 집을 밝힙니다. → (   )

답   창문

필수 예제 01

다음 밑줄 친 漢字語한자어의 讀音(독음: 읽는 소리)을 쓰세요.

> 보기
>
> 文書 → 문서

(1) 식당에 가기 전 <u>後記</u>를 찾아보았습니다. → (   )

(2) 황급히 대화의 <u>主題</u>를 바꾸었습니다. → (   )

> 먼저 글 속에 쓰인 한자어의 뜻을 알아내고, 각 한자의 음(소리)을 조합하여 읽도록 합니다.

(3) <u>國花</u>는 나라를 대표하는 꽃입니다. → (   )

전략 2 한자의 뜻과 음(소리) 쓰기

다음 漢字한자의 訓(훈: 뜻)과 音(음: 소리)을 쓰세요.

> **보기**
>
> 集 ➡ 모을 집

• 事 ➡ (   )

필수 예제 | 02 |

다음 漢字한자의 訓(훈: 뜻)과 音(음: 소리)을 쓰세요.

> **보기**
>
> 高 ➡ 높을 고

(1) 窓 ➡ (   )

(2) 花 ➡ (   )

(3) 植 ➡ (   )

> 한자의 훈과 음은
> 반드시 '한국어문회'에서
> 제시한 대표 뜻과 음(소리)으로
> 써야 합니다.

전략 3 한자어를 구성하는 한자 찾기

다음 문장에 어울리는 漢字語한자어가 되도록 (   ) 안에 알맞은 漢字한자를 보기에서 찾아 그 번호를 쓰세요.

보기

① 記   ② 聞   ③ 庭   ④ 事

• 新(____)에는 사회, 경제, 문화의 여러 소식이 담겨 있습니다. ➡ (   )

답 ②

필수 예제 03

다음 문장에 어울리는 漢字語한자어가 되도록 (   ) 안에 알맞은 漢字한자를 보기에서 찾아 그 번호를 쓰세요.

보기

① 弱   ② 題   ③ 窓   ④ 住

(1) 어려운 수학 問(____)를 드디어 풀었습니다. ➡ (   )

(2) 이사를 앞두고 入(____) 청소를 맡겼습니다. ➡ (   )

먼저 글 속에 쓰인 말의 뜻을 알아내고, 그 뜻에 해당하는 한자를 찾도록 합니다.

(3) 오랜만에 초등학교 同(____)들을 만났습니다. ➡ (   )

전략 4 제시된 뜻에 맞는 한자어 찾기

다음 뜻에 맞는 漢字語한자어를 보기 에서 찾아 그 번호를 쓰세요.

보기

① 書堂   ② 作家   ③ 食堂   ④ 國花

• 예전에 한문을 가르치던 곳. 글방. ➡ (   )

답 ①

필수 예제 04

다음 뜻에 맞는 漢字語한자어를 보기 에서 찾아 그 번호를 쓰세요.

보기

① 心弱   ② 後記   ③ 主題   ④ 所聞

(1) 사람들 입에 오르내려 들리는 말. ➡ (   )

(2) 뒷날의 기록. ➡ (   )

한자어의 뜻이 생각나지
않을 때는 한자의 뜻을 조합하여
문제를 풀어 봅시다.

(3) 중심이 되는 문제나 내용. ➡ (   )

[한자어의 음(소리) 쓰기]

1 다음 밑줄 친 漢字語_{한자어}의 讀音^(독음: 읽는 소리)을 쓰세요.

환경 오염 **問題**가 심각합니다.

➡ (   )

> **Tip**
> '題'는 '제목'을 뜻하고, '제'라고 읽습니다.

[한자어의 음(소리) 쓰기]

2 다음 밑줄 친 漢字語_{한자어}의 讀音^(독음: 읽는 소리)을 쓰세요.

그 **食堂**에는 항상 사람들이
길게 줄을 서 있습니다.

➡ (   )

> **Tip**
> '堂'은 '집'을 뜻하고, '당'이라고 읽습니다.

[한자의 뜻과 음(소리) 쓰기]

3 다음 漢字_{한자}의 訓^(훈: 뜻)과 音^(음: 소리)을 쓰세요.

> 보기
> 弱 ➡ 약할 **약**

• 住 ➡ (   )

> **Tip**
> '住'는 '살다'를 뜻합니다.

[한자의 뜻과 음(소리) 쓰기]

4 다음 漢字_{한자}의 訓^(훈: 뜻)과 音^(음: 소리)을 쓰세요.

> 보기
> 幸 ➡ 다행 **행**

• 新 ➡ (   )

> **Tip**
> '新'은 '신'이라고 읽습니다.

[한자어를 구성하는 한자 찾기]

5 다음 문장에 어울리는 漢字語한자어가 되도록 (　　) 안에 알맞은 漢字한자를 보기 에서 찾아 그 번호를 쓰세요.

Tip
'소문'은 '사람들 입에 오르내려 들리는 말.'을 뜻하는 말입니다.

> 보기
> ① 植　　② 聞　　③ 花　　④ 作

• 경치가 아름답기로 <u>所(　　)</u>난 바다로 여행을 떠납니다.

　　　　　　　　➜ (　　　　　　　　)

[제시된 뜻에 맞는 한자어 찾기]

6 다음 뜻에 맞는 漢字語한자어를 보기 에서 찾아 그 번호를 쓰세요.

Tip
'窓'은 '창'을 뜻하고, '창'이라고 읽습니다.

> 보기
> ① 作家　　② 所聞　　③ 窓門　　④ 書堂

• 밖을 내다볼 수 있도록 벽이나 지붕에 낸 문.

　　　　　　　　➜ (　　　　　　　　)

[제시된 뜻에 맞는 한자어 찾기]

7 다음 뜻에 맞는 漢字語한자어를 보기 에서 찾아 그 번호를 쓰세요.

Tip
'作'은 '짓다'를 뜻하고, '작'이라고 읽습니다.

> 보기
> ① 主題　　② 新作　　③ 後記　　④ 同窓

• 새로 지어 만듦. 또는 그 작품. ➜ (　　　　　　　　)

주 **누구나 만점 전략**

01 다음 ☐ 안에 들어갈 알맞은 한자에 ○표 하세요.

한자를 主☐로 발표를 했습니다.
(庭 / 題)

02 다음 한자의 뜻과 음(소리)을 쓰세요.

보기
信 ➡ 믿을 신

(1) 植 ➡ (   )

(2) 庭 ➡ (   )

03 다음 밑줄 친 한자어의 음(소리)을 쓰세요.

감독은 _後記_에서 흥행 소감을 이야기했습니다.

➡ (   )

04 다음 ☐ 안에 들어갈 알맞은 한자를 보기 에서 찾아 그 번호를 쓰세요.

보기
① 聞   ② 住   ③ 事

• 新☐ : 새로운 소식을 전달하기 위한 정기 간행물.

➡ (   )

05 다음 뜻과 음(소리)에 해당하는 한자를 보기 에서 찾아 그 번호를 쓰세요.

보기
① 記   ② 題   ③ 新

• 제목 제 ➡ (   )

▶정답 9쪽

06 다음 설명 에 해당하는 한자어가 되도록 □ 안에 들어갈 한자를 보기 에서 찾아 그 번호를 쓰세요.

보기
① 堂   ② 聞   ③ 事

설명
예전에 한문을 가르치던 곳. 글방.

➡ 書 □

07 다음 한자의 뜻을 보기 에서 찾아 그 번호를 쓰세요.

보기
① 살다   ② 듣다   ③ 짓다

• 作 ➡ (   )

08 다음 뜻에 해당하는 한자어를 보기 에서 찾아 그 번호를 쓰세요.

보기
① 食堂 ② 入住 ③ 家庭

• 새집에 들어가 삶.
➡ (   )

09 다음 밑줄 친 낱말에 해당하는 한자어를 보기 에서 찾아 그 번호를 쓰세요.

보기
① 問題 ② 窓門 ③ 書堂

• 열린 창문 사이로 바람이 들어와 커튼이 펄럭입니다.
➡ (   )

10 '한 나라를 상징하는 꽃.'을 뜻하는 한자어를 찾아 ○표 하세요.

國花   問題

오름아, 뭐해?

新聞을 읽고 있어. 매일 新聞을 읽는 멋진 사람이 될 거야.

新聞은 너무 어렵지 않아?

난 똑똑하니까 괜찮아! 新聞을 읽으면 여러 가지 사회 問題에 대해서 알 수 있고, 作家들의 新作도 알 수 있어서 유익해.

그런데 말이야, 新聞을 거꾸로 들고 있는 것 같은데!

아, 아냐! 세상을 거꾸로 보는 중이라고!

그러지 말고, 다음 新聞 기사를 같이 읽어 볼까?

공룡과 일반 파충류의 차이점

공룡은 일반 파충류와는 다른 특징을 지니고 있어요. 공룡은 다리 관절 모양이 다른 파충류와 달라요. 도마뱀, 악어 같은 파충류는 다리 관절이 무릎부터 90도로 꺾여 있어서 엉금엉금 기어 다니지만, 공룡의 다리 관절은 곧게 뻗어 똑바로 서서 다닐 수 있어요.

창의 융합

1 위 대화를 읽고, 앵무가 소개한 新聞 기사의 主題를 쓰세요.

➡ (   )

창의 융합
2 위 대화를 읽고, '옷, 음식, 집' 중 의식주의 '住'에 해당하는 것을 쓰세요.

→ (   )

1 자영이는 보기 의 순서대로 과자를 엮어 목걸이를 만들려고 합니다. 완성된 목걸이
에서 ㉠에 들어갈 한자를 쓰세요.

보기

답

2 다음 조건 의 두 도형의 변의 개수를 더한 값과 같은 획순을 가진 한자를 보기 에서
찾아 ○표 하세요.

조건

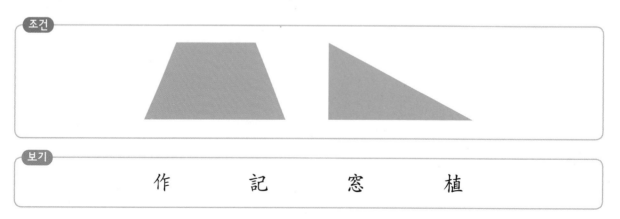

보기

作　　　記　　　窓　　　植

3 농부가 식물을 심기 위해 적당한 장소를 찾고 있습니다. '출발' 지점에서 명령어 에 따라 이동했을 때 만나는 한자를 쓰세요.

명령어

앞으로 세 칸 ➡ 왼쪽으로 돌기 ➡ 앞으로 한 칸
➡ 앞으로 한 칸 ➡ 왼쪽으로 돌기 ➡ 앞으로 한 칸

※ ▨ : 지나가지 못하는 장애물

답

4 다음 글을 읽고, 밑줄 친 내용과 관련이 있는 한자를 보기 에서 모두 찾아 ○표 하세요.

의식주란 사람이 살아가는 데 기본적으로 필요한 세 가지 요소로, 입을 옷과 먹을 음식, 집을 통틀어 이르는 말입니다. 특히 의식주 중의 '주'는 자거나 쉴 수 있는 집을 뜻합니다. 옛날에는 주생활이 주로 한옥에서 이루어졌지만, 오늘날에는 양옥이나 아파트에 사는 사람이 많아졌습니다.

보기

事　　堂　　題　　住　　聞

5 동굴의 문을 열기 위해 비밀을 풀어야 합니다. 보기 에서 정답 카드를 찾고, 카드에 적힌 한자를 쓰세요.

> 규칙을 찾아서 다섯 번째 순서에 들어갈 숫자를 맞춰야 해!

규칙
1, 3, 6, 10, ? ···

드림이는 보물이 숨겨진 동굴을 찾았습니다. 하지만 동굴 입구가 아주 커다란 돌로 막혀 있어 들어갈 수 없습니다.

동굴 앞의 팻말을 보니, '1, 3, 6, 10, ? '의 규칙을 찾아 물음표 부분에 들어갈 숫자를 알아내야 동굴에 들어갈 수 있다고 쓰여 있습니다.

보기

| 11 堂 | 13 花 | 15 題 | 20 聞 |

답

6 다음 설명 에 따라 지도에서 친구의 집을 찾아 ○표 하고, 친구의 집에 적힌 한자의 뜻을 쓰세요.

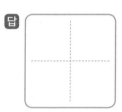

설명
• 친구의 집은 큰 窓문이 두 개 있는 집 옆에 있습니다.
• 친구의 집은 옥상에 花분이 세 개 놓여 있는 집과 마주보고 있습니다.
• 친구의 집은 공원 옆에 있습니다.

• 한자의 뜻 ➜ (   )

7 _{코딩}

조건 에 따라 비밀번호를 풀고, 비밀번호에 해당하는 한자어를 쓰세요.

조건

→ 題　　　→ 事　　　→ 主　　　→ 앞에 나온 한자어 취소

8 _{창의} _{융합}

다음 글을 읽고, 밑줄 친 한자어의 음(소리)을 쓰세요.

　여러분은 가족의 소중함을 얼마나 알고 있나요? 가족은 부부, 부모, 자녀 등 혼인과 혈연으로 맺어져 함께 사는 사람들을 말해요. 때로는 입양으로 가족이 되기도 하지요. 가족은 집 안에서 끈끈한 정을 나누고 서로 의지하며 생활해요. 이런 가족, 또는 한 가족이 모여 사는 생활 공간을 '家庭'이라고 해요.

• 家庭 ➡ (　　　　　　　　　　　)

🐻 만화를 보고, 지금까지 배운 한자를 기억해 보세요.

1주 | 독서 / 상태 한자

讀 童 話 書 文 集 信 勇 幸 急 高 弱

2주 | 신문 / 집 한자

新 聞 作 題 記 事 堂 窓 住 庭 花 植

독서 한자

1 우주가 메일 계정의 비밀번호를 잊어버렸습니다. 암호를 풀어 우주가 비밀번호를 찾을 수 있게 도와주세요.

비밀번호

讀	話	童
高	書	文
急	幸	集

암호

⌐┌ 에 끼워 둔 ⌐□ 에 힌트가 있어!

※ 위 암호표에서 암호 ┐는 '高'를 뜻해요.

❶ 암호에 들어갈 한자어의 음(소리)을 쓰세요.

· ⌐┌ → (   )

· ⌐□ → (   )

❷ 우주가 찾은 비밀번호의 힌트 에는 다음과 같이 적혀 있습니다. 우주가 잊어버린 비밀번호를 쓰세요.

힌트

비밀번호는 숫자로, 讀의 획수입니다.

비밀번호

Tip
'集'은 ❶[   ](이)라고 읽고, '書'는 ❷[   ]을/를 뜻합니다.

답 ❶ 집 ❷ 글

상태 한자

2 다음은 '흥부와 놀부' 내용의 일부입니다. 이야기를 읽고, 다음 물음에 답하세요.

봄이 찾아온 흥부네 지붕의 가장 ㉠ 높은 곳에 제비가 날아와 둥지를 틀었어요. 그런데 어느 날, 커다란 구렁이가 제비 둥지를 와락 덮쳐 몸이 ㉡ 약한 새끼 한 마리가 땅으로 떨어지고 말았어요.

"저런 가엾어라. 다리가 부러졌네."

흥부는 다리가 부러진 제비를 정성껏 보살펴 주었어요. ㉢ 다행히도 얼마 뒤 제비는 다 나아서 훌훌 날아갔어요.

❶ 위 이야기를 나타내는 한자어를 찾아 ○표 하세요.

童話   高山

❷ 위 이야기의 ㉠, ㉡, ㉢에 해당하는 한자를 보기 에서 찾아 그 번호를 쓰세요.

보기
① 高   ② 信   ③ 勇   ④ 幸   ⑤ 弱

• ㉠ 높다 ➡ (   )
• ㉡ 약하다 ➡ (   )
• ㉢ 다행 ➡ (   )

Tip
'어린이가 읽고 즐기는 이야기.'를 [   ](이)라고 합니다.

탑 동화

신문 한자

3 다음 기사를 보고, 물음에 답하세요.

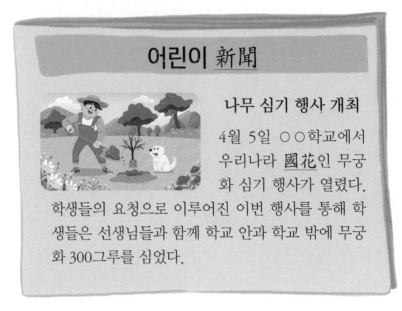

① 위 기사 속 밑줄 친 한자어의 음(소리)을 쓰세요.

- 新聞 ➡ (   )
- 國花 ➡ (   )

② 다음 ☐ 안에 들어갈 말을 한자로 바르게 나타낸 것에 ○표 하세요.

☐ 목일은 숲을 사랑하는 마음을 키우고 나무를 심도록 권하기 위해 국가가 정한 날입니다.

植   記

Tip
'새로운 소식을 전달하기 위한 정기 간행물.'을 ☐(이)라고 합니다.

답 신문

집 한자

4 다음은 우주의 여행 일정표입니다. 여행 일정표를 보고, 다음 물음에 답하세요.

시간	일정
10 : 30	여행지 도착
11 : 30	점심 식사
13 : 00	서당 체험
16 : 30	新聞 박물관 견학
18 : 30	숙소 도착
19 : 00	저녁 식사, 자유 시간

❶ 다음 ☐ 안에 들어갈 알맞은 한자어를 일정표에서 찾아 한자로 쓰세요.

> 점심을 먹고 오후 1시에 ☐☐에 갔습니다. 선생님께서 이곳은 예전에 한문을 가르치던 곳이라고 알려 주셨습니다. 친구들과 함께 예절 교육, 부채 만들기 등 여러 가지 체험을 했습니다.

답 ☐ ☐

❷ 우주의 여행 일정표에서 11시 30분에 계획된 일정과 가장 관련 있는 장소를 보기에서 찾아 ◯표 하고, 한자어의 음(소리)을 쓰세요.

보기

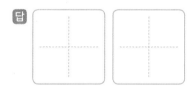
食堂　　窓門

● 한자어의 음(소리) ➜ (　　　　　　　　　)

Tip
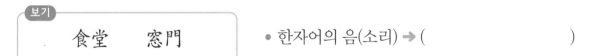
'書'는 ❶ ☐☐ 을/를 뜻하고, '堂'은 ❶ ☐☐ 을/를 뜻합니다.

답 ❶ 글 ❷ 집

[문제 01~02] 다음 밑줄 친 漢字語한자어의 讀音(독음: 읽는 소리)을 쓰세요.

보기

安心 ➡ 안심

이번 주말에 친구들과 놀이공원에 다녀왔습니다. 01童心이 가득한 놀이공원에서 귀여운 동물들도 보고 무서운 놀이기구도 02勇氣를 내어 타 보았습니다.

01 童心 ➡ (   )

02 勇氣 ➡ (   )

[문제 03~04] 다음 漢字한자의 訓(훈: 뜻)과 音(음: 소리)을 쓰세요.

보기

全 ➡ 온전 전

03 書 ➡ (   )

04 集 ➡ (   )

정답 10쪽

[문제 05~06] 다음 문장에 어울리는 漢字語한자어가 되도록 (   ) 안에 알맞은 漢字한자를 보기 에서 찾아 그 번호를 쓰세요.

보기
① 高   ② 集

05 바둑의 (   )手가 나타나 대회의 상을 휩쓸었습니다.
→ (   )

06 (   )中 호우로 농작물의 피해가 큽니다.
→ (   )

[문제 07~08] 다음 중 뜻이 서로 반대(또는 상대)되는 漢字한자끼리 연결되지 않은 것을 찾아 그 번호를 쓰세요.

07 ① 先 ↔ 後   ② 書 ↔ 文
③ 兄 ↔ 弟   ④ 手 ↔ 足
→ (   )

08 ① 南 ↔ 北   ② 天 ↔ 地
③ 父 ↔ 母   ④ 語 ↔ 話
→ (   )

4단계 A 전편 85

[문제 09~10] 다음 밑줄 친 漢字語한자어를 漢字한자로 쓰세요.

09 우주 여행을 하는 것이 <u>일생</u>의 소원입니다.

→ (   )

10 올해 <u>학교</u>에 입학한 막냇동생은 모든 것을 신기해합니다.

→ (   )

[문제 11~12] 다음 밑줄 친 漢字語한자어의 讀音(독음: 읽는 소리)을 쓰세요.

11 도서관에서 발간한 <u>文集</u>에 직접 쓴 동시가 실렸습니다.

→ (   )

12 운동은 잘 못하지만, 노래를 부르는 것은 <u>自信</u>이 있습니다.

→ (   )

▶정답 10쪽

[문제 13~14] 다음 뜻에 맞는 漢字語한자어를 보기 에서 찾아 그 번호를 쓰세요.

보기

① 童心　② 民話　③ 心弱

13 마음이 여리고 약함.

→ (　　　　　　)

14 민간에 전해 내려오는 옛날이야기.

→ (　　　　　　)

[문제 15~16] 다음 漢字한자의 진하게 표시된 획은 몇 번째 쓰는지 보기 에서 찾아 그 번호를 쓰세요.

보기

① 두 번째　② 세 번째
③ 여섯 번째　④ 여덟 번째

15

讀 (　　　　　　)

16

急 (　　　　　　)

[문제 01~02] 다음 밑줄 친 漢字語한자어의 讀音(독음: 읽는 소리)을 쓰세요.

보기
時間 ➡ 시간

학교에서 만드는 가족 01新聞에 우리 집 소개를 싣기로 했습니다. 우리 집은 거실에 02窓門이 크게 나 있어 눈이 내리면 풍경이 매우 멋집니다.

01 新聞 ➡ (   )

02 窓門 ➡ (   )

[문제 03~04] 다음 漢字한자의 訓(훈: 뜻)과 音(음: 소리)을 쓰세요.

보기
不 ➡ 아닐 불

03 題 ➡ (   )

04 植 ➡ (   )

[문제 05~06] 다음 문장에 어울리는 漢字語한자어가 되도록 ( ) 안에 알맞은 漢字한자를 보기 에서 찾아 그 번호를 쓰세요.

보기
① 庭　　　　　② 題

05 가족을 主(　　)로 그림을 그렸습니다.

　　　　　→ (　　　　　　)

06 매일 아침 신선한 우유가 家(　　)으로 배달됩니다.

　　　　　→ (　　　　　　)

[문제 07~08] 다음 중 뜻이 서로 반대(또는 상대)되는 漢字한자끼리 연결되지 않은 것을 찾아 그 번호를 쓰세요.

07 ① 左 ↔ 右　　② 男 ↔ 女
　　③ 村 ↔ 里　　④ 學 ↔ 教

　　　　　→ (　　　　　　)

08 ① 上 ↔ 下　　② 大 ↔ 小
　　③ 火 ↔ 水　　④ 堂 ↔ 家

　　　　　→ (　　　　　　)

[문제 09~10] 다음 밑줄 친 *漢字語*한자어를 *漢字*한자로 쓰세요.

09 세계적으로 <u>한국</u> 영화가 재조명되기 시작했습니다.

➡ (   )

10 어버이날에 <u>부모</u>님께 카네이션을 달아드렸습니다.

➡ (   )

[문제 11~12] 다음 밑줄 친 *漢字語*한자어의 *讀音*(독음: 읽는 소리)을 쓰세요.

11 <u>新作</u> 게임이 발표되자 게임 시연 행사에 사람들이 몰렸습니다.

➡ (   )

12 그 탐정은 아무도 풀지 못한 <u>問題</u>의 사건을 해결했습니다.

➡ (   )

[문제 13~14] 다음 뜻에 맞는 *漢字語*한자어를 보기 에서 찾아 그 번호를 쓰세요.

보기

① 所聞　　② 書堂　　③ 同窓

13 같은 학교에서 공부를 한 사이.
➡ (　　　　　)

14 사람들 입에 오르내려 들리는 말.
➡ (　　　　　)

[문제 15~16] 다음 *漢字*한자의 진하게 표시된 획은 몇 번째 쓰는지 보기 에서 찾아 그 번호를 쓰세요.

보기

① 네 번째　　② 다섯 번째
③ 여섯 번째　　④ 일곱 번째

15

(　　　　　)

16

(　　　　　)

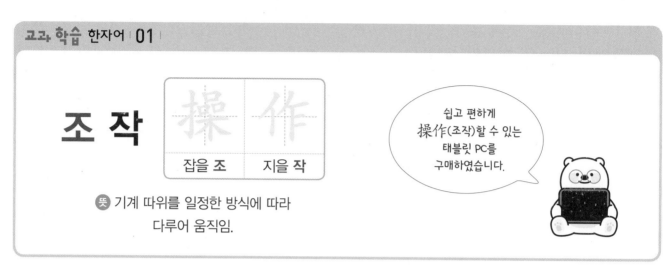

조 작

操 作

잡을 조   지을 작

쉽고 편하게 操作(조작)할 수 있는 태블릿 PC를 구매하였습니다.

뜻 기계 따위를 일정한 방식에 따라 다루어 움직임.

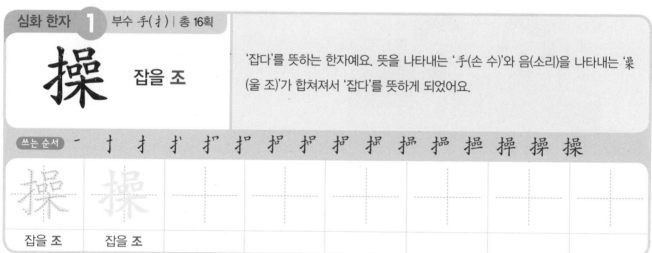

심화 한자 1   부수 手(扌) | 총 16획

操 잡을 조

'잡다'를 뜻하는 한자예요. 뜻을 나타내는 '手(손 수)'와 음(소리)을 나타내는 '喿(울 조)'가 합쳐져서 '잡다'를 뜻하게 되었어요.

쓰는 순서   一 十 扌 扩 扩 扩 护 护 押 押 搜 挕 挕 搮 操 操

操   操

잡을 조   잡을 조

1 다음 한자어판에서 설명에 해당하는 한자어를 찾아 ○표 하세요.

題 勇 新

弱 操 急

集 作 讀

설명
기계 따위를 일정한 방식에 따라 다루어 움직임.

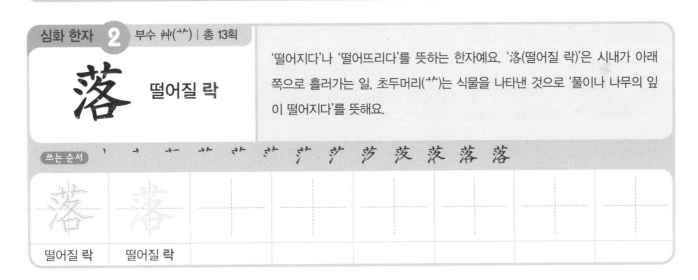

낙 서

落 | 書
떨어질 락 | 글 서

그는 落書(낙서)와
같은 그림으로
새로운 예술 작품을
선보였습니다.

뜻 글자, 그림 따위를 장난으로 아무 데나
함부로 씀. 또는 그 글자나 그림.

심화 한자 **2** 부수 艸(艹) | 총 13획

落 떨어질 락

'떨어지다'나 '떨어뜨리다'를 뜻하는 한자예요. '洛(떨어질 락)'은 시내가 아래
쪽으로 흘러가는 일, 초두머리(艹)는 식물을 나타낸 것으로 '풀이나 나무의 잎
이 떨어지다'를 뜻해요.

쓰는 순서 ㅡ ㅜ ㅜ 艹 艹 艹 茓 茓 茨 落 落

落 | 落
떨어질 락 | 떨어질 락

2 다음 뜻에 해당하는 한자어를 찾아 선으로 이으세요.

글자, 그림 따위를 장난으로
아무 데나 함부로 씀. 또는
그 글자나 그림.

•

• 落書

• 落水

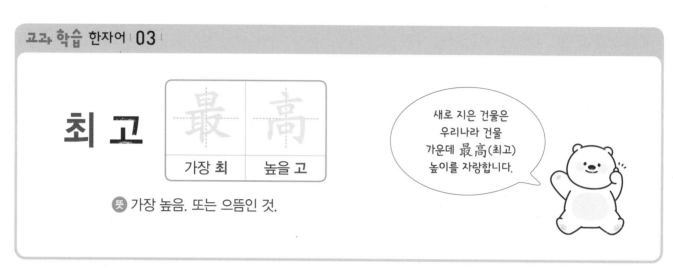

교과 학습 한자어 | 03

최 고

最	高
가장 최	높을 고

뜻 가장 높음. 또는 으뜸인 것.

새로 지은 건물은 우리나라 건물 가운데 最高(최고) 높이를 자랑합니다.

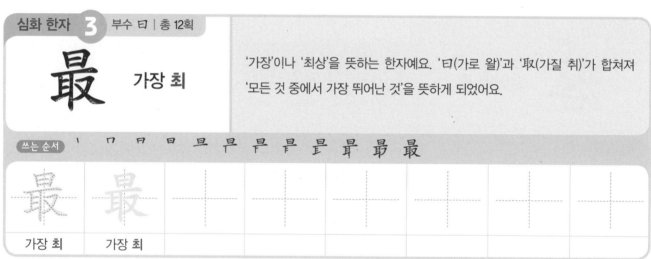

심화 한자 **3** 부수 曰 | 총 12획

最 가장 최

'가장'이나 '최상'을 뜻하는 한자예요. '曰(가로 왈)'과 '取(가질 취)'가 합쳐져 '모든 것 중에서 가장 뛰어난 것'을 뜻하게 되었어요.

쓰는 순서 丨 冂 冃 日 旦 昌 昌 眉 眉 最 最 最

最	最						
가장 최	가장 최						

3 다음 설명 에 해당하는 한자어를 찾아 ○표 하세요.

설명

가장 높음. 또는 으뜸인 것.

最高

最大

문단

文	壇
글월 문	단 단

언젠가는 文壇(문단)에 등단하여 작품 활동을 하는 작가가 되고 싶습니다.

뜻 글을 쓰는 문인들의 사회.

심화 한자 4 | 부수 土 | 총 16획

壇 단 단

'제단'이나 '강단', '장소'를 뜻하는 한자예요. 제기를 보관하던 창고를 그린 '亶(믿음 단)'에 '土(흙 토)'가 합쳐져서 '제사를 지내거나 출정식을 하던 넓고 평평한 장소'를 가리키게 되었어요.

쓰는 순서 一 十 土 圵 圹 圹 坮 圷 垆 垆 垆 壇 壇 壇 壇

壇	壇						
단 단	단 단						

---

4 다음 뜻에 해당하는 한자어를 찾아 ○표 하세요.

글을 쓰는 문인들의 사회.

文壇   教壇

전편을 모두 공부하느라
수고 많았어요!

쑥쑥 오른 한자 실력으로
어려운 문제도 척척 풀 수 있을 거예요.

은 4단계 A 전편 학습 한자, 은 후편 학습 한자입니다.

ㄱ					
家	歌	各	角	間	江
집 가	노래 가	각각 각	뿔 각	사이 간	강 강
車	計	界	高	功	公
수레 거 | 수레 차	셀 계	지경 계	높을 고	공 공	공평할 공
空	工	共	科	果	光
빌 공	장인 공	한가지 공	과목 과	실과 과	빛 광
敎	校	球	九	口	國
가르칠 교	학교 교	공 구	아홉 구	입 구	나라 국
軍	今	金	急	旗	記
군사 군	이제 금	쇠 금 | 성 김	급할 급	기 기	기록할 기

	ㄴ				
氣	男	南	內	女	年
기운 기	사내 남	남녘 남	안 내	여자 녀	해 년

	ㄷ				
農	短	答	堂	代	對
농사 농	짧을 단	대답 답	집 당	대신할 대	대할 대
大	圖	道	讀	冬	洞
큰 대	그림 도	길 도	읽을 독 | 구절 두	겨울 동	골 동 | 밝을 통
東	童	動	同	等	登
동녘 동	아이 동	움직일 동	한가지 동	무리 등	오를 등

ㄹ					
樂	來	力	老	六	理
즐길 락 | 노래 악 | 좋아할 요	올 래	힘 력	늙을 로	여섯 륙	다스릴 리

里	利	林	立	ㅁ 萬	每
마을 리	이할 리	수풀 림	설 립	일만 만	매양 매
面	命	明	名	母	木
낯 면	목숨 명	밝을 명	이름 명	어머니 모	나무 목
文	聞	門	問	物	民
글월 문	들을 문	문 문	물을 문	물건 물	백성 민
ㅂ 班	反	半	發	放	方
나눌 반	돌이킬/돌아올 반	반 반	필 발	놓을 방	모 방
百	白	部	夫	父	北
일백 백	흰 백	떼 부	지아비 부	아버지 부	북녘 북|달아날 배
分	不	ㅅ 四	社	事	算
나눌 분	아닐 불	넉 사	모일 사	일 사	셈 산
山	三	上	色	生	書
메 산	석 삼	윗 상	빛 색	날 생	글 서
西	夕	先	線	雪	省
서녘 서	저녁 석	먼저 선	줄 선	눈 설	살필 성|덜 생
姓	成	世	所	消	小
성 성	이룰 성	인간 세	바 소	사라질 소	작을 소
少	手	數	水	術	時
적을 소	손 수	셈 수	물 수	재주 술	때 시

始	市	食	植	神	身
비로소 시	저자 시	밥/먹을 식	심을 식	귀신 신	몸 신
信	新	室	心	十	安
믿을 신	새 신	집 실	마음 심	열 십	편안 안
藥	弱	語	業	然	午
약 약	약할 약	말씀 어	업 업	그럴 연	낮 오
五	王	外	勇	用	右
다섯 오	임금 왕	바깥 외	날랠 용	쓸 용	오를/오른(쪽) 우
運	月	有	育	飮	音
옮길 운	달 월	있을 유	기를 육	마실 음	소리 음
邑	意	二	人	一	日
고을 읍	뜻 의	두 이	사람 인	한 일	날 일
入	字	自	子	昨	作
들 입	글자 자	스스로 자	아들 자	어제 작	지을 작
長	場	才	電	戰	前
긴 장	마당 장	재주 재	번개 전	싸움 전	앞 전
全	庭	正	弟	題	第
온전 전	뜰 정	바를 정	아우 제	제목 제	차례 제
祖	足	左	注	主	住
할아버지 조	발 족	왼 좌	부을 주	임금/주인 주	살 주

中	重	地	紙	直	集
가운데 중	무거울 중	땅 지	종이 지	곧을 직	모을 집
ㅊ 窓	川	千	天	淸	靑
창 창	내 천	일천 천	하늘 천	맑을 청	푸를 청
體	草	寸	村	秋	春
몸 체	풀 초	마디 촌	마을 촌	가을 추	봄 춘
出	七	ㅌ 土	ㅍ 八	便	平
날 출	일곱 칠	흙 토	여덟 팔	편할 편ㅣ똥오줌 변	평평할 평
表	風	ㅎ 下	夏	學	韓
겉 표	바람 풍	아래 하	여름 하	배울 학	한국/나라 한
漢	海	幸	現	形	兄
한수/한나라 한	바다 해	다행 행	나타날 현	모양 형	형 형
花	話	火	和	活	會
꽃 화	말씀 화	불 화	화할 화	살 활	모일 회
孝	後	休			
효도 효	뒤 후	쉴 휴			

신체/마음 한자

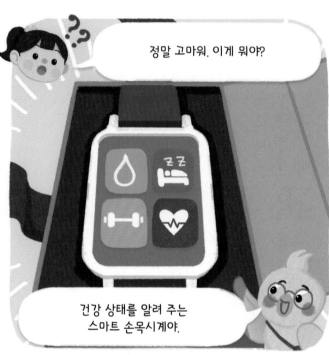

🔍 학습할 한자

① 身 몸 **신**　　**②** 體 몸 **체**　　**③** 飮 마실 **음**　　**④** 運 옮길 **운**　　**⑤** 短 짧을 **단**

⑥ 半 반 **반**　　**⑦** 心 마음 **심**　　**⑧** 理 다스릴 **리**　　**⑨** 放 놓을 **방**　　**⑩** 注 부을 **주**

⑪ 意 뜻 **의**　　**⑫** 神 귀신 **신**

점선 위로 겹쳐서 한자를 써 보세요.

연한 글씨 위로 겹쳐서 한자를 따라 써 보세요.

한자 ❶ 부수 身 | 총 7획

身 **몸 신**

아이를 임신하여 배가 부른 여자의 모습에서 [   ]을/를 뜻하게 되었어요.

답 **몸**

쓰는 순서 ´ ｀ ㇒ ㇉ 自 自 身

身 身 | | | | | |

몸 신   몸 신

뜻이 비슷한 한자 體(몸 체)   뜻이 반대인 한자 心(마음 심)

한자 ❷ 부수 骨 | 총 23획

體 **몸 체**

사람이나 동물의 형상을 이루는 완전한 모습을 일컫는 한자로 [   ]을/를 뜻해요.

답 **몸**

쓰는 순서 �
 ㅣ 冂 冃 匹 丹 骨 骨 骨 骨 骨 骨 骨 骼 體 體 體 體 體 體 體 體 體

體 體 | | | | | |

몸 체   몸 체

뜻이 비슷한 한자 身(몸 신)   뜻이 반대인 한자 心(마음 심)

한자 ❸ 부수 食(食) | 총 13획

飮 **마실 음**

그릇에 담긴 물을 마시는 모습을 표현한 한자로 [   ]을/를 뜻해요.

답 **마시다**

쓰는 순서 ノ 人 乍 今 今 今 食 食 食 飣 飮 飲 飮

飮 飮 | | | | | |

마실 음   마실 음

1 신체 한자에 대하여 바르게 말한 친구를 찾아 ○표 하세요.

身은 '몸'을 뜻하고 '체'라고 읽습니다.

飮은 '마시다'를 뜻하고 '음'이라고 읽습니다.

2 다음 중 '몸'을 뜻하는 한자 카드를 <u>모두</u> 찾아 ○표 하세요.

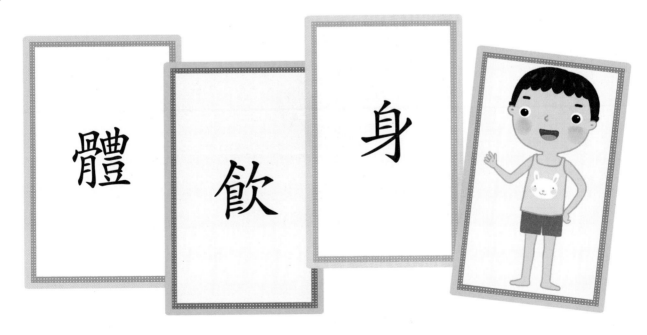

體　飮　身

점선 위로 겹쳐서 한자를 써 보세요.

연한 글씨 위로 겹쳐서 한자를 따라 써 보세요.

한자 4 부수 辶(辶) | 총 13획

運 옮길 운

군대가 짐을 꾸려 이동하는 모습에서 '움직이다' 또는 [   ]을/를 뜻하게 되었어요.

답 옮기다

쓰는 순서 ⌇ ⌐ ⌐ ⌐ ⌐ 冐 冐 昌 昌 軍 軍 運 運 運

運 | 運 | | | | | | |

옮길 운 | 옮길 운

한자 5 부수 矢 | 총 12획

短 짧을 단

길이가 짧은 물건이나 가까운 거리를 의미하는 한자로 [   ]을/를 뜻해요.

답 짧다

쓰는 순서 ⌿ ⌿ ⌿ 乇 矢 矢 知 知 知 短 短 短

短 | 短 | | | | | | |

짧을 단 | 짧을 단

뜻이 반대인 한자 長(긴 장)

한자 6 부수 十 | 총 5획

半 반 반

무언가를 반으로 가르는 모습에서 [   ] (이)라는 뜻이 생겼어요.

답 반

쓰는 순서 ⌿ ⌿ ⌿ 半 半

半 | 半 | | | | | | |

반 반 | 반 반

3 다음 질문에 대한 답을 바르게 말한 학생을 찾아 ○표 하세요.

4 다음 그림과 관련이 있는 한자를 바르게 나타낸 것에 ∨표 하세요.

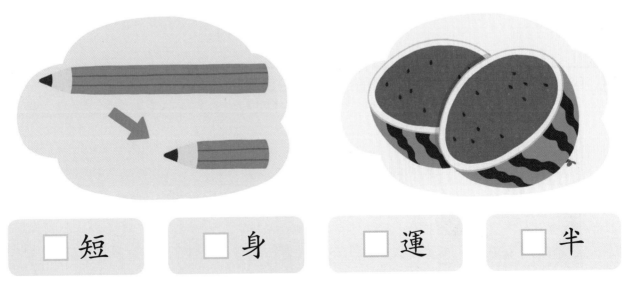

□ 短   □ 身   □ 運   □ 半

1 다음 한자 카드에 들어갈 뜻과 음(소리)으로 알맞은 것에 ∨표 하세요.

飮

☐ 마실 음   ☐ 짧을 단

2 다음 한자의 뜻과 음(소리)으로 알맞은 것을 찾아 ○표 하세요.

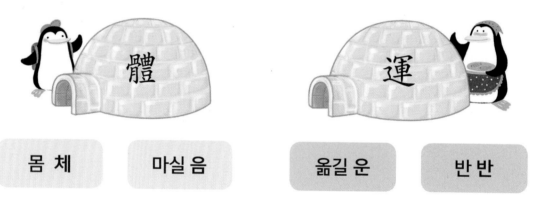

體   運

몸 체   마실 음   옮길 운   반 반

3 다음 음(소리)에 해당하는 한자를 찾아 ∨표 하세요.

단   ☐ 身   ☐ 短   ☐ 飮

4 다음 밑줄 친 한자의 음(소리)으로 알맞은 것을 찾아 ○표 하세요.

동생과 과자를 <u>半</u>씩 나누어 먹었습니다.

단

반

5 다음 문장의 내용이 맞으면 '예', 틀리면 '아니요'에 ○표 하세요.

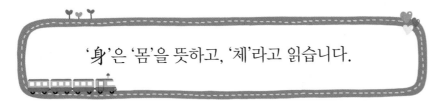

'身'은 '몸'을 뜻하고, '체'라고 읽습니다.

예

아니요

6 다음 밑줄 친 말에 해당하는 한자를 찾아 ○표 하세요.

오늘은 이삿짐을 <u>옮기는</u> 날입니다.

運

體

점선 위로 겹쳐서 한자를 써 보세요.

연한 글씨 위로 겹쳐서 한자를 따라 써 보세요.

한자 1 　부수 心 | 총 4획

心　마음 심

사람의 가슴 속에서 뛰는 심장 모양을 표현한 한자로 [　　　]을/를 뜻해요.

답　마음

쓰는 순서) 丶 心 心 心

心	心							
마음 심	마음 심							

▶뜻이 반대인 한자 身(몸 신), 體(몸 체)

한자 2 　부수 玉(王) | 총 11획

理　다스릴 리

단단한 옥을 다듬으며 일을 처리하는 모습에서 [　　　](이)라는 뜻이 생겼어요.

답　다스리다

쓰는 순서 一 二 千 王 玗 玾 珇 玾 玾 理 理

理	理							
다스릴 리	다스릴 리							

▶모양이 비슷한 한자 里(마을 리)

한자 3 　부수 攵(攴) | 총 8획

放　놓을 방

어느 곳으로부터 멀어지도록 떼어 놓는 모습에서 [　　　]을/를 뜻하게 되었어요.

답　놓다

쓰는 순서 丶 亠 亠 方 方' 扩 扩 放 放

放	放							
놓을 방	놓을 방							

▶모양이 비슷한 한자 方(모 방)

1 다음 밑줄 친 말에 해당하는 한자를 보기 에서 찾아 선으로 이으세요.

2 다음 그림에서 한자 '理'의 뜻과 음(소리)을 찾아 ○표 하세요.

점선 위로 겹쳐서 한자를 써 보세요.

연한 글씨 위로 겹쳐서 한자를 따라 써 보세요.

한자 4   부수 水(氵) | 총 8획

注   부을 주

무언가를 다른 곳에 따라 담는 모습을 나타낸 한자로 □□을/를 뜻해요.

답   붓다

쓰는 순서   ` ` 氵 氵 沪 浐 注 注

注	注						
부을 주	부을 주						

모양이 비슷한 한자   住(살 주)

한자 5   부수 心 | 총 13획

意   뜻 의

마음에서 우러나오는 소리라는 의미에서 □□을/를 나타내요.

답   뜻

쓰는 순서   ` 亠 亠 产 立 产 音 音 音 音 意 意 意

意	意						
뜻 의	뜻 의						

모양이 비슷한 한자   音(소리 음)

한자 6   부수 示 | 총 10획

神   귀신 신

번개가 내리치는 모습에서 □□을/를 뜻하게 되었어요.

답   귀신

쓰는 순서   ` 亠 亍 亓 示 示 和 种 和 神

神	神						
귀신 신	귀신 신						

모양이 비슷한 한자   祖(할아버지 조)

3 다음 설명을 읽고, 선물 상자를 알맞은 색으로 칠하세요.

意의 뜻과 음이 적혀 있는 상자는 빨간색이고,
神의 음이 적혀 있는 상자는 파란색입니다.

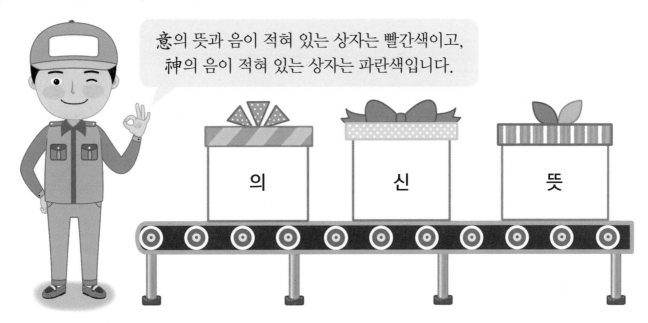

의   신   뜻

4 다음 그림에서 한자 '부을 주'를 따라가 미로를 탈출하세요.

1 다음 한자의 뜻과 음(소리)으로 알맞은 것을 찾아 선으로 이으세요.

意 ・

心 ・

・ 뜻 ・

・ 마음 ・

・ 심

・ 의

2 다음 문장의 내용이 맞으면 '예', 틀리면 '아니요'에 ○표 하세요.

'理'의 뜻과
음(소리)은
'다스릴 리'입니다.

예

아니요

'注'의 뜻과
음(소리)은
'뜻 의'입니다.

예

아니요

3 다음 한자 카드에 들어갈 한자로 알맞은 것에 ∨표 하세요.

부을 주

귀신 신

□ 理   □ 注

□ 放   □ 神

4 다음 한자의 뜻과 음(소리)을 쓰세요.

放 ☐을/를 뜻하고, ☐(이)라고 읽습니다.

意 ☐을/를 뜻하고, ☐(이)라고 읽습니다.

5 다음 밑줄 친 한자의 음(소리)으로 알맞은 것을 찾아 ○표 하세요.

정神을 집중하고 마지막 화살을 쏩니다.

신   심

6 다음 밑줄 친 한자의 뜻을 쓰세요.

이 책은 주인공의 心리 묘사가 뛰어납니다.

➜ (   )

대표 한자어 | 01 |

신 체

身	體
몸 신	몸 체

뜻 사람의 몸.

체 육

體	育
몸 체	기를 육

뜻 몸과 운동 능력의 발달을 위한 교육.

身體(신체)가
튼튼해지도록 운동을
열심히 할 거야.

體育(체육) 시간에
더욱더 열심히
운동해야지.

대표 한자어 | 02 |

음 식

飲	食
마실 음	밥/먹을 식

뜻 사람이 영양과 맛을 위해 먹고 마시는 것.

飲食(음식)을
골고루 먹어야 해.

대표 한자어 | 03 |

운 동

運	動
옮길 운	움직일 동

뜻 건강을 위해 몸을 움직이는 활동.

건강을 위해
運動(운동)을
열심히 해야지.

항상 널 응원해!

행운

幸	運
다행 행	움직일 운

뜻 좋은 운수. 또는 행복한 운수.

幸運(행운)의 상징인 네잎클로버를 발견했어.

단신

短	身
짧을 단	몸 신

뜻 작은 키의 몸.

이 선수는 短身(단신)이지만 점프를 정말 높게 해.

후반

後	半
뒤 후	반 반

뜻 전체를 둘로 나눈 것의 뒤쪽 반.

우리 팀은 경기 後半(후반)에 역전승을 거두었어.

후반전

2 : 1

대표 한자어 | 07 |

심 리

心	理
마음 심	다스릴 리

뜻 마음의 작용과 의식의 상태.

재미있는 心理(심리) 테스트로 마음 상태를 알아보자.

대표 한자어 | 08 |

심 신

心	身
마음 심	몸 신

뜻 마음과 몸을 아울러 이르는 말.

따뜻한 차를 마시면 心身(심신)을 안정시키는 데 도움이 돼.

대표 한자어 | 09 |

방 학

放	學
놓을 방	배울 학

뜻 일정 기간 동안 수업을 쉬는 일. 또는 그 기간.

방 심

放	心
놓을 방	마음 심

뜻 조심하지 않고 마음을 놓는 것.

드디어 기다리던 放學(방학)이야!

방학에도 放心(방심)하지 말고 안전에 주의해서 생활해야 해.

주 의

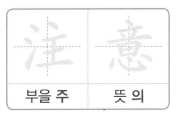

부을 주   뜻 의

뜻 마음에 새겨 두고 조심함.

뜨거운 것을
만질 때에는
注意(주의)해야 해!

신 화

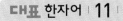

귀신 신   말씀 화

뜻 옛날부터 전해 내려오는 이야기로,
나라가 세워진 일 등에 관련된 신성한 이야기.

그리스 神話(신화)
속 신을 묘사한
조각상이야.

여 신

女 神

여자 녀   귀신 신

뜻 여성인 신.

아름다움과
사랑의 女神(여신)
비너스야.

1 다음 문장의 내용이 맞으면 '예', 틀리면 '아니요'에 ○표 하세요.

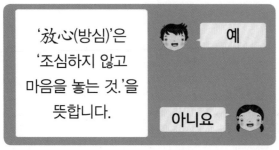

'放心(방심)'은 '조심하지 않고 마음을 놓는 것.'을 뜻합니다.

예

아니요

Tip

'放'은 (놓다, 짧다)를 뜻하는 한자입니다.

답 놓다

2 다음 문장에 들어갈 알맞은 한자어를 찾아 ○표 하세요.

자유의 여신(女神 / 神話)상은 미국의 상징적인 조형물입니다.

Tip

'神'은 [ ]을/를 뜻하고, '신'이라고 읽습니다.

답 귀신

3 다음 설명에 해당하는 한자어를 찾아 ○표 하세요.

설명

좋은 운수. 또는 행복한 운수.

幸運   運動

Tip

'運'은 [ ]을/를 뜻하고, '운'이라고 읽습니다.

답 옮기다

4 다음 뜻에 해당하는 낱말을 찾아 선으로 이으세요.

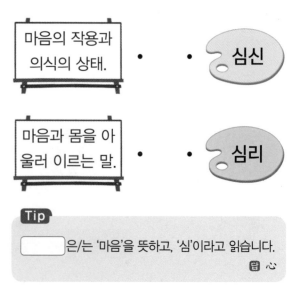

마음의 작용과 의식의 상태.   •   •   심신

마음과 몸을 아울러 이르는 말.   •   •   심리

Tip

[ ]은/는 '마음'을 뜻하고, '심'이라고 읽습니다.

답 心

5 다음 한자어의 뜻을 바르게 나타낸 것을 찾아 ∨표 하세요.

飮食

☐ 사람이 영양과 맛을 위해 먹고 마시는 것.

☐ 마음에 새겨 두고 조심함.

Tip

'飮'은 [   ]을/를 뜻하고 '음'이라고 읽습니다.

답 마시다

6 '後半(후반)'의 뜻을 바르게 설명한 것에 ○표 하세요.

마음에 새겨 두고 조심함.

전체를 둘로 나눈 것의 뒤쪽 반.

Tip

'半'은 [   ]을/를 뜻하고 '반'이라고 읽습니다.

답 반

7 다음 낱말 퍼즐을 푸세요.

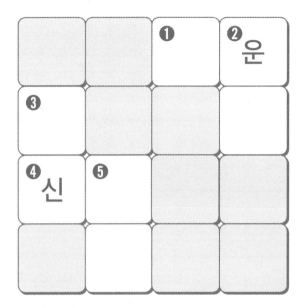

❶ ❷운 ❸ ❹신 ❺

가로 열쇠

❶ 좋은 운수. 또는 행복한 운수.
❹ 사람의 몸.

세로 열쇠

❷ 건강을 위해 몸을 움직이는 활동.
❸ 작은 키의 몸.
❺ 몸과 운동 능력의 발달을 위한 교육.

Tip

'身'은 '몸'을 뜻하고, [   ](이)라고 읽습니다.

답 신

전략 1 한자어의 음(소리) 쓰기

다음 밑줄 친 **漢字語**한자어의 **讀音**(독음: 읽는 소리)을 쓰세요.

> 보기
>
> 食堂 → 식당

• 횡단보도를 건널 땐 좌우를 살피며 **注意**해야 합니다. → (   )

답 주의

필수 예제 │ 01 │

다음 밑줄 친 **漢字語**한자어의 **讀音**(독음: 읽는 소리)을 쓰세요.

> 보기
>
> 新聞 → 신문

(1) 할머니께서 **飮食**을 푸짐하게 차려 주셨습니다. → (   )

(2) 경기 **後半**에 역전을 당하고 말았습니다. → (   )

'한국어문회'에서 제시한 대표 뜻과 음(소리)을 꼭 알아 두어야 합니다.

(3) **體育** 시간에 옆 반과 배구 시합을 했습니다. → (   )

전략 2 한자의 뜻과 음(소리) 쓰기

다음 漢字한자의 訓(훈: 뜻)과 音(음: 소리)을 쓰세요.

> **보기**
>
> 花 ➡ 꽃 화

• 短 ➡ (   )

> **답** 짧을 단

필수 예제 02

다음 漢字한자의 訓(훈: 뜻)과 音(음: 소리)을 쓰세요.

> **보기**
>
> 住 ➡ 살 주

(1) 意 ➡ (   )

(2) 理 ➡ (   )

(3) 放 ➡ (   )

> 한자의 뜻과 음(소리)을
> 정확하게 구분하여
> 알아 두어야 합니다.
> 예) 一 한   일
>   뜻   음(소리)

전략 3   한자어를 구성하는 한자 찾기

다음 문장에 어울리는 漢字語한자어가 되도록 (   ) 안에 알맞은 漢字한자를 보기에서 찾아 그 번호를 쓰세요.

보기

①半   ②運   ③注   ④放

• 시험을 보는 친구에게 幸(_____)을 빌어 주었습니다. ➡ (   )

답 ②

필수 예제 03

다음 문장에 어울리는 漢字語한자어가 되도록 (   ) 안에 알맞은 漢字한자를 보기에서 찾아 그 번호를 쓰세요.

보기

①運   ②身   ③意   ④神

(1) (_____)話 속 주인공은 알에서 태어났습니다. ➡ (   )

(2) 야구는 내가 가장 좋아하는 (_____)動입니다. ➡ (   )

> 먼저 글 속에 쓰인 말의 뜻을 알아내고, 그 뜻에 해당하는 한자어를 찾아내도록 합시다.

(3) 오랜 여행으로 心(_____)이 지친 상태입니다. ➡ (   )

전략 4 제시된 뜻에 맞는 한자어 찾기

다음 뜻에 맞는 漢字語한자어를 보기 에서 찾아 그 번호를 쓰세요.

보기
① 放心　　② 注意　　③ 女神　　④ 幸運

• 여성인 신. ➡ (　　　　　　)

답 ③

필수 예제 04

다음 뜻에 맞는 漢字語한자어를 보기 에서 찾아 그 번호를 쓰세요.

보기
① 心理　　② 放學　　③ 幸運　　④ 後半

(1) 일정 기간 동안 수업을 쉬는 일. 또는 그 기간. ➡ (　　　　　　)

(2) 마음의 작용과 의식의 상태. ➡ (　　　　　)

한자어의 뜻이 생각나지 않을 때는 한자의 뜻을 조합하여 문제를 풀어 봅시다.

(3) 좋은 운수. 또는 행복한 운수. ➡ (　　　　　)

[한자어의 음(소리) 쓰기]

1 다음 밑줄 친 漢字語한자어의 讀音(독음: 읽는 소리)을 쓰세요.

병원에서 <u>身體</u> 검사를 받았습니다.

➔ (   )

Tip
'身'과 '體'는 '몸'을 뜻하는 한자입니다.

[한자어의 음(소리) 쓰기]

2 다음 밑줄 친 漢字語한자어의 讀音(독음: 읽는 소리)을 쓰세요.

<u>放學</u>을 맞아 할머니 댁에 갑니다.

➔ (   )

Tip
'放學'의 '放'에는 '놓다'라는 뜻이 들어 있습니다.

[한자의 뜻과 음(소리) 쓰기]

3 다음 漢字한자의 訓(훈: 뜻)과 音(음: 소리)을 쓰세요.

> 보기
>
> 窓 ➔ 창 **창**

• 注 ➔ (   )

Tip
'注'는 '붓다'를 뜻하는 한자입니다.

[한자의 뜻과 음(소리) 쓰기]

4 다음 漢字한자의 訓(훈: 뜻)과 音(음: 소리)을 쓰세요.

> 보기
>
> 植 ➔ 심을 **식**

• 飮 ➔ (   )

Tip
'飮'은 '음'이라고 읽습니다.

5 다음 문장에 어울리는 漢字語_{한자어}가 되도록 ( ) 안에 알맞은 漢字_{한자}를 보기에서 찾아 그 번호를 쓰세요.

보기
① 半   ② 運   ③ 短   ④ 放

• 끝날 때까지 절대 (____)心해서는 안 됩니다.
➡ ( )

Tip
'방심'은 '조심하지 않고 마음을 놓는 것.'을 뜻하는 말입니다.

[한자어를 구성하는 한자 찾기]

6 다음 문장에 어울리는 漢字語_{한자어}가 되도록 ( ) 안에 알맞은 漢字_{한자}를 보기에서 찾아 그 번호를 쓰세요.

보기
① 短   ② 意   ③ 神   ④ 理

• 선수들은 꼭 이겨야 한다는 心( )적 부담을 느꼈습니다.
➡ ( )

Tip
'심리'는 '마음의 작용과 의식의 상태.'를 뜻하는 말입니다.

[제시된 뜻에 맞는 한자어 찾기]

7 다음 뜻에 맞는 漢字語_{한자어}를 보기에서 찾아 그 번호를 쓰세요.

보기
① 心理   ② 神話   ③ 身體   ④ 女神

• 옛날부터 전해 내려오는 이야기로, 나라가 세워진 일 등에 관련된 신성한 이야기.
➡ ( )

Tip
'神'은 '귀신'을 뜻하고, '신'이라고 읽습니다.

01 다음 그림과 관련이 있는 한자어를 찾아 ○표 하세요.

飮食   心理

02 다음 한자의 뜻과 음(소리)을 쓰세요.

보기

堂 ➡ 집 당

(1) 體 ➡ (   )

(2) 神 ➡ (   )

03 다음 밑줄 친 한자어의 음(소리)을 쓰세요.

運動을 했더니 땀이 납니다.

➡ (   )

04 다음 ☐ 안에 들어갈 알맞은 한자를 보기 에서 찾아 그 번호를 쓰세요.

보기

① 神   ② 身   ③ 體

· 心☐ : 마음과 몸을 아울러 이르는 말.

➡ (   )

05 한자의 뜻과 음(소리)이 바르게 쓰인 카드를 모두 찾아 ∨표 하세요.

☐ 短
짧을 단

☐ 運
옮길 운

☐ 身
마음 심

☐ 注
뜻 의

06 다음 밑줄 친 말에 해당하는 한자를 보기 에서 찾아 그 번호를 쓰세요.

보기
① 意   ② 放   ③ 心

• 집에 돌아오니 그제야 마음이 놓입니다.

→ (   )

07 다음 한자의 뜻을 보기 에서 찾아 그 번호를 쓰세요.

보기
① 뜻   ② 몸   ③ 반

• 半 → (   )

08 다음 뜻에 해당하는 한자어를 보기 에서 찾아 그 번호를 쓰세요.

보기
① 注意 ② 神話 ③ 後半

• 마음에 새겨 두고 조심함.

→ (   )

09 다음 밑줄 친 한자의 음(소리)을 쓰세요.

(1)행運의 (2)여神은 우리 팀의
손을 들어주었습니다.

(1) → (   )

(2) → (   )

10 다음 문장에 어울리는 한자어가 되도록 (   ) 안에 알맞은 한자를 보기 에서 찾아 그 번호를 쓰세요.

보기
① 身   ② 理   ③ 運

• 그는 短(   )이지만 노력 끝에 세계적인 모델이 되었습니다.

→ (   )

運動 중이구나! 사실 우리가 살고 있는 이 지구도 운동을 하고 있다는 거 아니?

??? 뭐? 지구가 운동을 한다고?

응! 지구는 고정된 축을 중심으로 하루에 한 바퀴씩 회전하는 '자전'을 해. 지구의 자전으로 낮과 밤이 생기지.

태양열

또 태양을 중심으로 1년에 한 바퀴씩 도는 '공전'도 하지!

맞아. 지구가 약간 기울어진 채로 태양 주위를 돌고 있기 때문에 계절이 바뀌는 거야.

봄

여름

겨울

가을

지구가 돌고 있다니 갑자기 어지러운 것 같아.

우리는 지구 위에서 지구와 같은 방향과 속력으로 운동하고 있기 때문에 지구가 돌고 있는 걸 느끼지 못해!

하하하하

창의 융합

1 위 대화를 읽고, 지구가 고정된 축을 중심으로 하루에 한 바퀴씩 회전하는 運動의 이름을 찾아 쓰세요.

→ ( )

▶정답 14쪽

2 위 대화를 읽고, 밑줄 친 문장을 높임 표현에 注意하여 바르게 고쳐 쓰세요.

➡ (   )

코딩

1 다음 보기 안의 규칙대로 길을 따라가 다람쥐가 찾고 있는 한자가 적힌 도토리를 찾아 ○표 하세요. (단, 대각선으로는 움직일 수 없습니다.)

보기

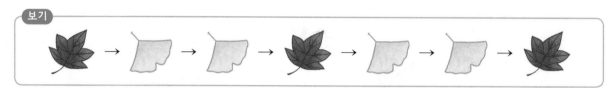

창의 융합

2 할머니 댁에 도착한 시간을 계산해 시계에 시침과 분침을 그리고, 분침이 가리키고 있는 한자의 뜻과 음(소리)을 쓰세요.

나는 집에서 8시 45분에 출발해서 1시간 25분 후에 할머니 댁에 도착했어.

• 한자의 뜻 ➡ (   )

• 한자의 음(소리) ➡ (   )

3 다음 그림은 한자를 분류해 주는 기계입니다. 한자를 조건에 맞게 분류하세요.

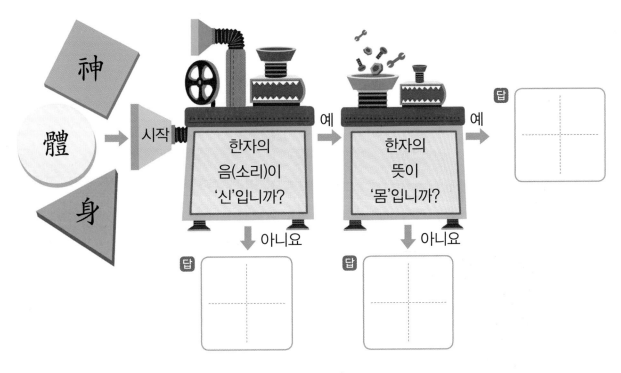

4 다음 글을 읽고, 글의 내용이 설명하는 한자어를 쓰세요.

> 이것은 한 집단에 속한 사람들이 믿는 신성한 이야기로, 주로 나라를 만든 인물의 이야기가 많습니다. 주인공은 인간 이상의 능력을 지녔으며 탁월한 능력을 발휘합니다. 고조선의 단군, 고구려의 주몽, 신라의 박혁거세 이야기가 대표적입니다. 꾸며낸 이야기지만 그 나라의 정체성, 즉 고유한 문화와 역사를 담고 있기 때문에 이것을 아는 것은 한 나라를 이해하는 데 도움이 됩니다.

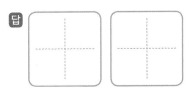

창의 융합

5 다음은 물놀이 안전 수칙 안내 팻말입니다. ▢ 안에 들어갈 알맞은 한자를 보기 에서 찾아 그 번호를 쓰세요.

> 보기
>
> ① 心   ② 運   ③ 飮

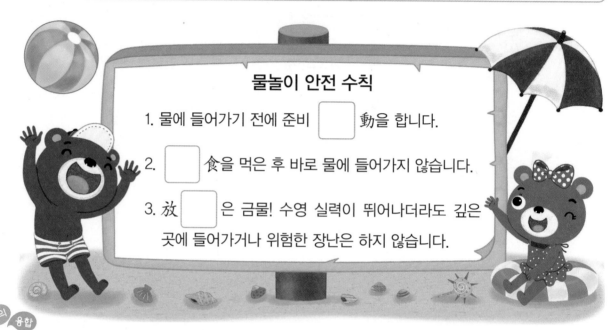

물놀이 안전 수칙

1. 물에 들어가기 전에 준비 ▢ 動을 합니다.

2. ▢ 食을 먹은 후 바로 물에 들어가지 않습니다.

3. 放 ▢ 은 금물! 수영 실력이 뛰어나더라도 깊은 곳에 들어가거나 위험한 장난은 하지 않습니다.

창의 융합

6 다음 보기 에 있는 순서대로 한자의 음(소리)을 따라 펜을 종이에서 떼지 않고 한 번에 도형을 그려 완성하세요.

> 보기
>
> 注 → 半 → 理 → 注 → 身 → 理 → 短 → 身 → 放 → 短 → 注

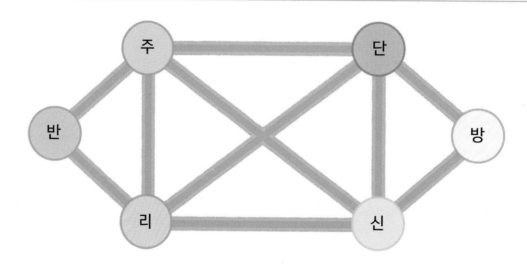

▶정답 14쪽

7 ^{코딩} 다음 (명령어)를 따라가 도착한 곳에 적힌 한자의 뜻과 음(소리)을 쓰세요.

● 한자의 뜻 ➡ (   )
● 한자의 음(소리) ➡ (   )

8 ^{창의} ^{융합} 다음 글을 읽고, 밑줄 친 한자어 ㉠과 ㉡의 음(소리)을 쓰세요.

> 우리는 ㉠飮食을 섭취함으로써 성장하고 생명을 유지하는 데 필요한 영양소를 얻습니다. 섭취한 飮食은 잘게 부서지고 분해되어 소화 기관을 지나 흡수되고 남은 찌꺼기는 똥이 되어 항문을 통해 몸 밖으로 배출됩니다.
> 소화 기관이란 음식물의 소화에 관여하는 ㉡身體 기관을 말합니다. 소화 기관에는 입, 식도, 위, 작은창자, 큰창자, 항문 등이 있습니다. 이 밖에 소화가 잘되도록 도와주는 기관으로는 간, 쓸개가 있습니다.

● ㉠飮食 ➡ (   )   ● ㉡身體 ➡ (   )

예술/자연 한자

❶ 才 재주 재　　❷ 術 재주 술　　❸ 圖 그림 도　　❹ 音 소리 음　　❺ 歌 노래 가

❻ 樂 즐길 락 | 노래 악 | 좋아할 요　　❼ 淸 맑을 청　　❽ 風 바람 풍　　❾ 發 필 발

❿ 明 밝을 명　　⓫ 月 달 월　　⓬ 雪 눈 설

우아, 정말 재주[才]가 많은걸?

그렇다면, 여기서 가장 잘생긴 사람이 누구인지 말해 줘!

……. 죄송해요. 질문을 잘 이해하지 못했어요.

왜 갑자기 대답해 주지 않는 건데!

내 친구는 거짓말은 못 하는 정직한 친구거든.

똑똑한 새 친구와 함께 이번 주에는 예술과 자연에 관한 한자를 알아보자!

점선 위로 겹쳐서 한자를 써 보세요.

연한 글씨 위로 겹쳐서 한자를 따라 써 보세요.

한자 1 | 부수 手(扌) | 총 3획

才 재주 재

싹이 올라오는 모습을 그린 한자로 '재능이 있다'는 의미인 [ ]을/를 뜻해요.

답 재주

쓰는 순서 一 十 才

재주 재 재주 재

모양이 비슷한 한자 寸(마디 촌)   뜻이 비슷한 한자 術(재주 술)

한자 2 | 부수 行 | 총 11획

術 재주 술

손이 빠르게 움직이고 있는 모습을 그린 한자로 [ ]을/를 뜻해요.

답 재주

쓰는 순서 ′ ヶ 彳 彳 彳 术 秫 秫 秫 術 術

재주 술 재주 술

뜻이 비슷한 한자 才(재주 재)

한자 3 | 부수 囗 | 총 14획

圖 그림 도

온 나라의 지역이 그려진 지도를 나타낸 한자로 [ ]을/를 뜻해요.

답 그림

쓰는 순서 丨 冂 冂 冂 冋 冋 冈 罔 罔 罔 匐 匐 圖 圖

그림 도 그림 도

1 다음 음(소리)에 알맞은 한자를 찾아 선으로 이으세요.

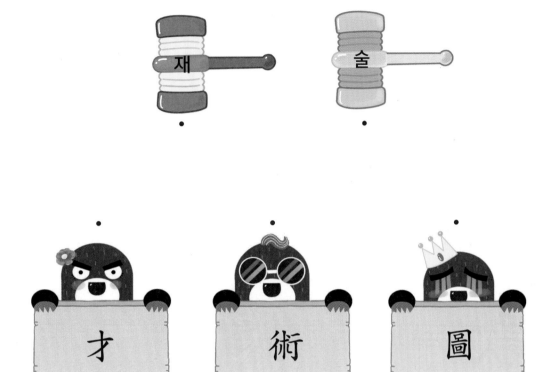

2 다음 그림에서 한자에 대한 설명이 바른 것에 <u>모두</u> ∨표 하세요.

☐才의 뜻은 '재주' 입니다.

☐術은 '도'라고 읽습니다.

☐圖의 뜻은 '그림'입니다.

2주 04일 급수한자 **돌파 전략 ❶**

말풍선: 점선 위로 겹쳐서 한자를 써 보세요.

말풍선: 연한 글씨 위로 겹쳐서 한자를 따라 써 보세요.

한자 ④	부수 音 | 총 9획

音 소리 음

입에서 소리가 퍼져나가는 모습을 표현한 한자로 ☐☐☐을/를 뜻해요.

답 소리

쓰는 순서 `丶 ㄧ ㆍ ㅗ 立 产 产 音 音`

音 / 音

소리 음 / 소리 음

모양이 비슷한 한자 意(뜻 의)

한자 ⑤	부수 欠 | 총 14획

歌 노래 가

사람이 입을 크게 벌리고 노래를 부르는 모습에서 ☐☐(이)라는 뜻이 생겼어요.

답 노래

쓰는 순서 `一 亇 哥 哥 哥 哥 哥 哥 哥 歌 歌 歌 歌`

歌 / 歌

노래 가 / 노래 가

뜻이 비슷한 한자 樂(노래 악)

한자 ⑥	부수 木 | 총 15획

樂 즐길 락 \|
노래 악 \|
좋아할 요

악기를 표현한 한자로, 음악을 들으면 즐겁다는 데서 ❶☐☐, ❷☐☐, ❸☐☐을/를 뜻해요.

답 ❶ 즐기다 ❷ 노래 ❸ 좋아하다

쓰는 순서 `丿 ㅣ ㅟ 甶 白 帕 紳 紳 紳 細 樂 樂 樂 樂 樂`

樂 / 樂

즐길 락 / 즐길 락

뜻이 비슷한 한자 歌(노래 가)

3 다음 메뉴판을 보고 주문에 맞는 한자를 찾아 아이스크림을 색칠하세요.

4 다음 그림에서 한자의 뜻과 음(소리)을 바르게 말하지 <u>않은</u> 동물에 ○표 하세요.

1 다음 한자의 뜻과 음(소리)으로 알맞은 것을 찾아 선으로 이으세요.

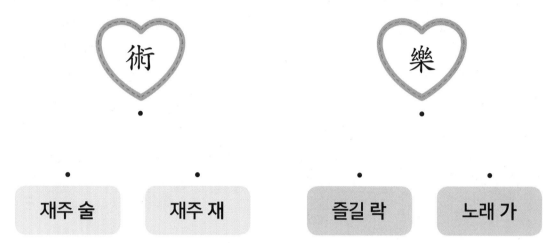

術　　　　　　　　樂

재주 술　　재주 재　　　　즐길 락　　노래 가

2 다음 문장의 내용이 맞으면 '예', 틀리면 '아니요'에 ○표 하세요.

'音'의 뜻과
음(소리)은
'소리 음'입니다.

예

아니요

'才'의 뜻과
음(소리)은
'즐길 락'입니다.

예

아니요

3 다음 한자의 뜻과 음(소리)으로 알맞은 것을 찾아 ○표 하세요.

圖

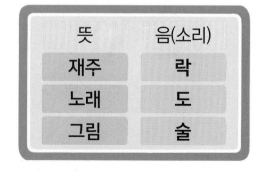

뜻	음(소리)
재주	락
노래	도
그림	술

4 다음 뜻과 음(소리)에 해당하는 한자를 보기 에서 찾아 그 번호를 쓰세요.

> 보기
>
> ① 樂   ② 歌   ③ 音   ④ 才

(1) 소리 음 ➡ (   )

(2) 즐길 락 ➡ (   )

5 다음 밑줄 친 낱말에 해당하는 한자로 알맞은 것을 찾아 ○표 하세요.

그는 사람들을 즐겁게 하는 <u>재주</u>가 있습니다.

才   圖

6 다음 밑줄 친 한자의 뜻으로 알맞은 것을 찾아 ○표 하세요.

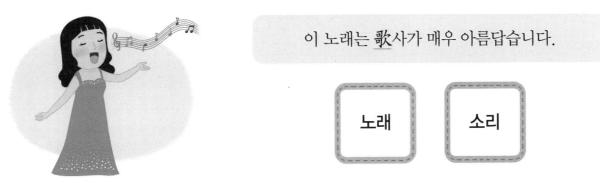

이 노래는 <u>歌</u>사가 매우 아름답습니다.

노래   소리

점선 위로 겹쳐서
한자를 써 보세요.

연한 글씨 위로 겹쳐서
한자를 따라 써 보세요.

한자 1 부수 水(氵) | 총 11획

清 맑을 청

우물과 초목처럼 맑고 푸른 모습을 나타낸 한자로 ☐☐☐ 또는 '푸르다'를 뜻해요.

답 맑다

쓰는 순서 ` ﾞ 氵 汒 汒 汚 淸 淸 淸 淸 淸

清 (맑을 청)　清 (맑을 청)

모양이 비슷한 한자 青(푸를 청)

한자 2 부수 風 | 총 9획

風 바람 풍

봉황의 날갯짓으로 바람이 일어나는 모습을 나타낸 한자로 ☐☐을/를 뜻해요.

답 바람

쓰는 순서 丿 几 凡 凡 凤 凨 風 風 風

風 (바람 풍)　風 (바람 풍)

한자 3 부수 癶 | 총 12획

發 필 발

활을 당겨 쏘는 모습에서 ☐☐, '일어나다'라는 의미로 뜻이 변하게 되었어요.

답 피다

쓰는 순서 丿 ヲ 癶 癶 癶 癶 癶 癶 發 發 發 發

發 (필 발)　發 (필 발)

---

1 다음 그림에서 한자와 그 뜻을 바르게 짝지어 들고 있는 친구를 <u>모두</u> 찾아 ○표 하세요.

風 바람   發 소리   清 맑다

2 다음 그림에서 한자 '發'의 음(소리)을 찾아 미로를 탈출하세요.

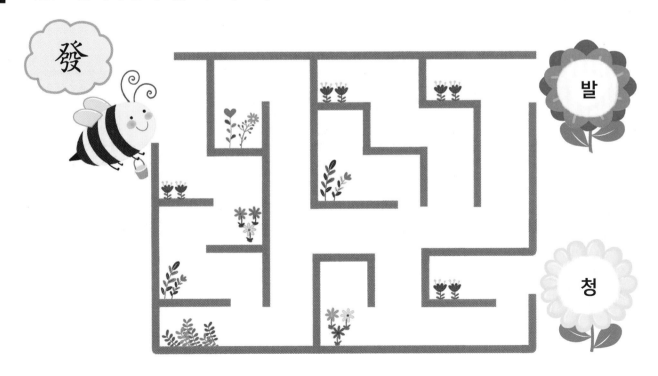

發   발   청

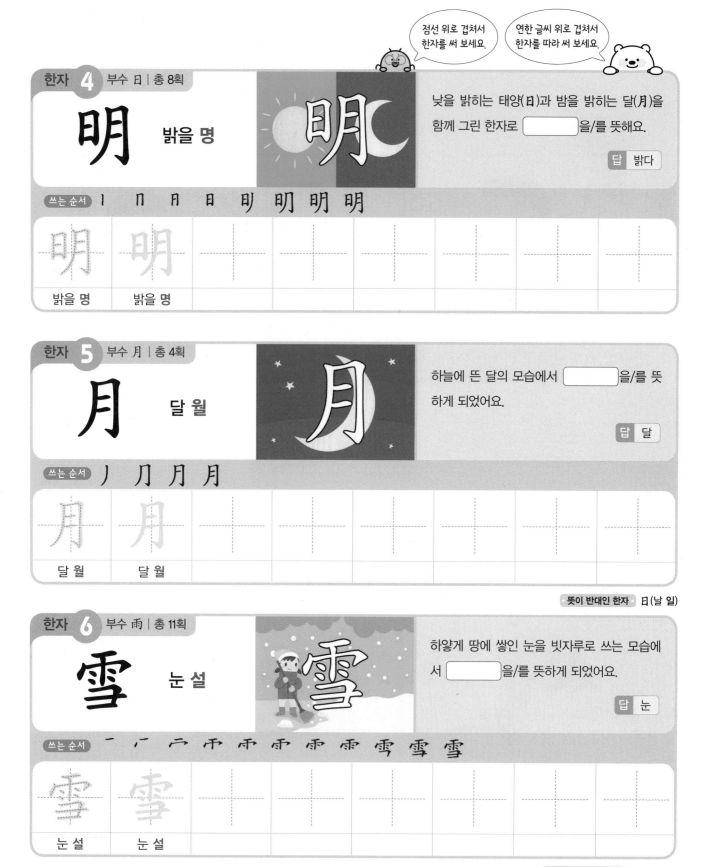

점선 위로 겹쳐서 한자를 써 보세요.

연한 글씨 위로 겹쳐서 한자를 따라 써 보세요.

한자 4 부수 日 | 총 8획

明 밝을 명

낮을 밝히는 태양(日)과 밤을 밝히는 달(月)을 함께 그린 한자로 ⬚⬚을/를 뜻해요.

답 밝다

쓰는 순서 丨 冂 冂 冃 日 町 明 明 明

明 明

밝을 명　밝을 명

한자 5 부수 月 | 총 4획

月 달 월

하늘에 뜬 달의 모습에서 ⬚⬚을/를 뜻하게 되었어요.

답 달

쓰는 순서 丿 刀 月 月

月 月

달 월　달 월

뜻이 반대인 한자　日(날 일)

한자 6 부수 雨 | 총 11획

雪 눈 설

하양게 땅에 쌓인 눈을 빗자루로 쓰는 모습에서 ⬚⬚을/를 뜻하게 되었어요.

답 눈

쓰는 순서 一 亠 亠 帀 帀 雨 雨 雪 雪 雪 雪

雪 雪

눈 설　눈 설

모양이 비슷한 한자　電(번개 전)

3 다음 그림을 나타내는 한자의 음(소리)으로 알맞은 것에 <u>모두</u> ∨표 하세요.

☐ 명

☐ 풍

☐ 월

4 다음 그림에서 한자 '눈 설'을 따라가 펭귄 가족에게 먹이를 찾아 주세요.

1 다음 그림과 관련이 있는 한자를 찾아 선으로 이으세요.

· 風

· 雪

2 다음 밑줄 친 한자의 음(소리)으로 알맞은 것을 찾아 ○표 하세요.

창밖을 보니 오늘은 하늘이 淸명합니다.

정   청

3 다음 한자에 해당하는 뜻과 음(소리)을 보기에서 찾아 그 번호를 쓰세요.

보기
① 눈 설   ② 필 발   ③ 맑을 청   ④ 바람 풍

發

清

雪

4 사다리를 타고 내려가 뜻과 음(소리)이 바르게 이어진 한자에 ○표 하세요.

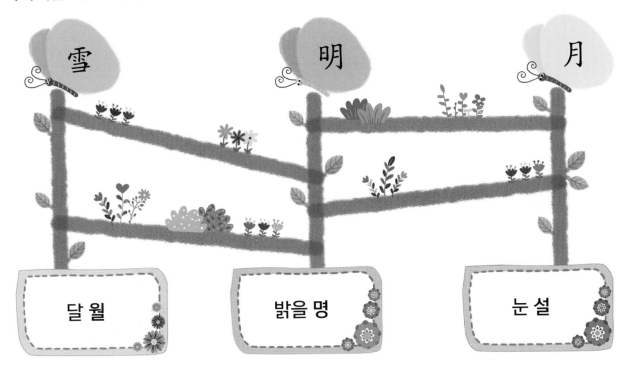

달 월

밝을 명

눈 설

5 다음 문장의 내용이 맞으면 '예', 틀리면 '아니요'에 ○표 하세요.

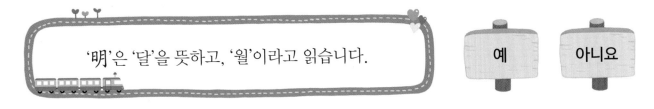

'明'은 '달'을 뜻하고, '월'이라고 읽습니다.

예

아니요

6 다음 밑줄 친 말에 해당하는 한자를 쓰세요.

봄이 오자 꽃이 <u>피었습니다</u>.

답

대표 한자어 | 01 |

천 재

天	才
하늘 천	재주 재

뜻 타고난 뛰어난 재능.
또는 그런 재능을 가진 사람.

놀랍게도 天才(천재)
과학자의 학창 시절 성적은
좋지 않았다고 해.

대표 한자어 | 02 |

수 술

手	術
손 수	재주 술

뜻 병을 고치기 위하여 몸의 어떤 부분을
가르고 잘라내거나 붙이고 꿰매는 일.

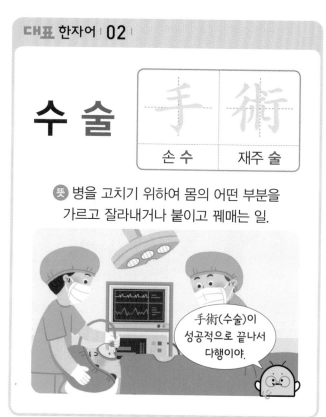

手術(수술)이
성공적으로 끝나서
다행이야.

대표 한자어 | 03 |

도 서

圖	書
그림 도	글 서

뜻 그림, 글씨, 책 따위를 통틀어 이르는 말.

이번 방학에는
선생님이 추천해 주신
圖書(도서)를
읽어야지.

지 도

地	圖
땅 지	그림 도

뜻 지구 표면을 평면에 나타낸 그림.

나는 책에 있는
세계地圖(지도)에
가고 싶은 곳을 표시해
보고 있어.

대표 한자어 04

낙 천

樂	天
즐길 락	하늘 천

뜻 세상과 인생을 즐겁고 좋은 것으로 여김.

성격이 정말
樂天(낙천)적인
친구구나.

참고 '樂'이 낱말의 맨 앞에 올 때는 '낙'이라고 읽어요.

대표 한자어 05

음 악

音	樂
소리 음	노래 악

뜻 목소리나 악기의 소리로 듣기 좋은
소리를 만드는 예술.

라디오에서 내가
좋아하는 音樂(음악)이
나오고 있어.

대표 한자어 06

가 수

歌	手
노래 가	손 수

뜻 노래 부르는 것이 직업인 사람.

이 歌手(가수)의
노래는 정말
감동적이야.

대표 한자어 07

풍 력

風	力
바람 풍	힘 력

뜻 에너지로 쓸 수 있는, 바람이 내는 힘.

풍 문

風	聞
바람 풍	들을 문

뜻 바람처럼 떠도는 소문.

우리 지역의 산에 風力(풍력) 발전소가 생긴대.

그 風聞(풍문)이 사실이었구나!

대표 한자어 08

발 명

發	明
필 발	밝을 명

뜻 아직까지 없던 기술이나 물건을 새로 생각하여 만들어 냄.

문 명

文	明
글월 문	밝을 명

뜻 인류가 이룩한 물질적, 기술적, 사회 구조적인 발전.

종이의 發明(발명)으로 정보를 기록하여 전달할 수 있게 되었어.

종이의 발명은 인류 文明(문명)의 발전에 큰 영향을 끼쳤어.

대표 한자어 | 09 |

발음

發	音
필 발	소리 음

뜻 말의 소리를 내는 일. 또는 그 소리.

NEWS

내 꿈은 아나운서야.
정확한 發音(발음)을
연습해야지.

대표 한자어 | 10 |

청 명

淸	明
맑을 청	밝을 명

뜻 날씨가 맑고 밝음. 또는 이십사절기의 하나.

오늘은 바람도
불지 않고 하늘이
淸明(청명)하구나.

대표 한자어 | 11 |

설 산

雪	山
눈 설	메 산

뜻 눈이 쌓인 산.

雪山(설산)을
오를 때는 안전에
더욱 주의해야 해!

1 다음 뜻에 해당하는 한자어를 찾아 선으로 이으세요.

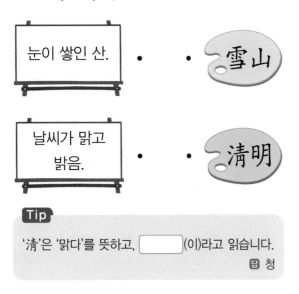

눈이 쌓인 산. • • 雪山

날씨가 맑고 밝음. • • 清明

Tip

'清'은 '맑다'를 뜻하고, ☐(이)라고 읽습니다.

🔺 청

2 '노래 부르는 것이 직업인 사람.'을 뜻하는 한자어를 찾아 ◯표 하세요.

歌手   音樂

Tip

'歌'는 ☐을/를 뜻하고, '가'라고 읽습니다.

🔺 노래

3 다음 ◯에 공통으로 들어갈 말을 한자로 바르게 나타낸 것에 ∨표 하세요.

- ◯음: 말의 소리를 내는 일. 또는 그 소리.
- ◯명: 아직까지 없던 기술이나 물건을 새로 생각하여 만들어 냄.

☐ 術   ☐ 發

Tip

'發'은 ☐(이)라고 읽습니다.

🔺 발

4 다음 한자어의 뜻을 바르게 설명한 것에 ◯표 하세요.

地圖

그림, 글씨, 책 따위를 통틀어 이르는 말.

지구 표면을 평면에 나타낸 그림.

Tip

'圖'는 ☐을/를 뜻하고 '도'라고 읽습니다.

🔺 그림

5 다음 ◌에 알맞은 글자를 넣어 낱말을 만드세요.

타고난 재능.
또는 그런 재능을
가진 사람.

➡ 천◯

6 다음 밑줄 친 한자어의 음(소리)을 쓰세요.

언니는 힘든 상황에서도
언제나 **樂天**적입니다.

➡ (   )

7 다음 힌트를 보고 빈칸에 알맞은 글자를 써넣으세요.

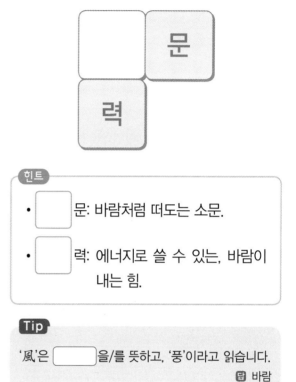

전략 **1** 한자어의 음(소리) 쓰기

다음 밑줄 친 漢字語한자어의 讀音(독음: 읽는 소리)을 쓰세요.

> 보기
>
> 身體 ➡ 신체

• 가야 할 곳을 **地圖**에 표시해 두었습니다. ➡ (   )

답 **지도**

필수 예제 **01**

다음 밑줄 친 漢字語한자어의 讀音(독음: 읽는 소리)을 쓰세요.

> 보기
>
> 飮食 ➡ 음식

(1) 고대 **文明**을 주제로 한 전시가 열렸습니다. ➡ (   )

(2) 바람이 많이 부는 지역에서 **風力**을 이용해 전기를 일으킵니다. ➡ (   )

'한국어문회'에서 제시한 대표 뜻과 음(소리)을 꼭 알아 두어야 합니다.

(3) 좋아하는 **歌手**의 앨범을 샀습니다. ➡ (   )

▶정답 17쪽

전략 **2** 한자의 뜻과 음(소리) 쓰기

다음 漢字한자의 訓(훈: 뜻)과 音(음: 소리)을 쓰세요.

보기

心 → 마음 **심**

• 風 → (   )

답 바람 풍

필수 예제 **02**

다음 漢字한자의 訓(훈: 뜻)과 音(음: 소리)을 쓰세요.

보기

半 → 반 **반**

(1) 發 → (   )

(2) 歌 → (   )

한자는 글자마다 뜻과
음(소리)을 가지고 있어서,
한자의 뜻과 음(소리)을
모두 잘 기억해야 합니다.

(3) 淸 → (   )

전략 **3**   한자어를 구성하는 한자 찾기

다음 문장에 어울리는 漢字語한자어가 되도록 (   ) 안에 알맞은 漢字한자를 보기 에서 찾아 그 번호를 쓰세요.

보기

① 才   ② 月   ③ 淸   ④ 音

• 선생님이 연주하는 (   )樂에 맞춰 노래를 부릅니다. ➡ (   )

답 ④

필수 예제 03

다음 문장에 어울리는 漢字語한자어가 되도록 (   ) 안에 알맞은 漢字한자를 보기 에서 찾아 그 번호를 쓰세요.

보기

① 圖   ② 明   ③ 雪   ④ 術

(1) 우연과 실수로 놀라운 發(   )품이 탄생하기도 합니다. ➡ (   )

(2) 겨울에 (   )山에서 스키를 탑니다. ➡ (   )

> 먼저 글 속에 쓰인 말의 뜻을 알아내고, 그 뜻에 해당하는 한자어를 찾아내도록 합시다.

(3) 서점에서 신간 (   )書를 앞쪽에 배치했습니다. ➡ (   )

전략 **4** 제시된 뜻에 맞는 한자어 찾기

다음 뜻에 맞는 漢字語한자어를 보기 에서 찾아 그 번호를 쓰세요.

보기

① 發音   ② 風聞   ③ 文明   ④ 地圖

• 바람처럼 떠도는 소문. → (   )

답 ②

필수 예제 | 04 |

다음 뜻에 맞는 漢字語한자어를 보기 에서 찾아 그 번호를 쓰세요.

보기

① 手術   ② 雪山   ③ 淸明   ④ 樂天

(1) 병을 고치기 위하여 몸의 어떤 부분을 가르고 잘라내거나 붙이고 꿰매는 일.

→ (   )

(2) 세상과 인생을 즐겁고 좋은 것으로 여김. → (   )

단어의 첫머리에서
음(소리)이 변하는 경우를
주의해야 합니다.
예 女子: 녀자(X), 여자(O)

(3) 날씨가 맑고 밝음. 또는 이십사절기의 하나. → (   )

[한자어의 음(소리) 쓰기]

1 다음 밑줄 친 漢字語한자어의 讀音(독음: 읽는 소리)을 쓰세요.

환자는 <u>手術</u>이 필요한 상태입니다.

➜ (   )

Tip
'手術'의 '術'은 '재주'라는 뜻을 지니고 있습니다.

[한자어의 음(소리) 쓰기]

2 다음 밑줄 친 漢字語한자어의 讀音(독음: 읽는 소리)을 쓰세요.

<u>雪山</u>이 아름답기로 유명합니다.

➜ (   )

Tip
'雪'은 '눈'을 뜻하는 한자입니다.

[한자의 뜻과 음(소리) 쓰기]

3 다음 漢字한자의 訓(훈: 뜻)과 音(음: 소리)을 쓰세요.

> **보기**
>
> 身 ➜ 몸 신

· 圖 ➜ (   )

Tip
'圖'는 '그림'을 뜻하는 한자입니다.

[한자의 뜻과 음(소리) 쓰기]

4 다음 漢字한자의 訓(훈: 뜻)과 音(음: 소리)을 쓰세요.

> **보기**
>
> 注 ➜ 부을 주

· 淸 ➜ (   )

Tip
'淸'은 '청'이라고 읽습니다.

[한자어를 구성하는 한자 찾기]

5 다음 문장에 어울리는 漢字語_{한자어}가 되도록 (   ) 안에 알맞은 漢字_{한자}를 [보기]에서 찾아 그 번호를 쓰세요.

> 보기
>
> ① 雪   ② 歌   ③ 發   ④ 才

• 그는 글쓰기에 天(   )적인 재능이 있습니다.

　　　　　　　　　　➜ (　　　　　　)

Tip
'천재'는 '타고난 뛰어난 재능. 또는 그런 재능을 가진 사람.'을 뜻하는 말입니다.

[한자어를 구성하는 한자 찾기]

6 다음 문장에 어울리는 漢字語_{한자어}가 되도록 (   ) 안에 알맞은 漢字_{한자}를 [보기]에서 찾아 그 번호를 쓰세요.

> 보기
>
> ① 歌   ② 音   ③ 風   ④ 樂

• (   )手는 직접 작사한 노래를 불렀습니다.

　　　　　　　　　　➜ (　　　　　　)

Tip
'가수'는 '노래 부르는 것이 직업인 사람.'을 뜻하는 말입니다.

[제시된 뜻에 맞는 한자어 찾기]

7 다음 뜻에 맞는 漢字語_{한자어}를 [보기]에서 찾아 그 번호를 쓰세요.

> 보기
>
> ① 文明   ② 發明   ③ 風力   ④ 音樂

• 아직까지 없던 기술이나 물건을 새로 생각하여 만들어 냄.

　　　　　　　　　　➜ (　　　　　　)

Tip
'明'은 '밝다'를 뜻하고, '명'이라고 읽습니다.

맞은 개수

개

01 다음 ☐ 안에 들어갈 알맞은 한자에 ◯표 하세요.

그는 세상을 ☐ 天적으로 바라봅니다.

(發 / 樂)

02 다음 문장에 들어갈 알맞은 한자어를 찾아 ◯표 하세요.

나의 꿈은 타임머신을 (發明 / 文明)하는 것입니다.

03 다음 한자의 뜻과 음(소리)을 쓰세요.

보기

意 ➡ 뜻 의

⑴ 月 ➡ (   )

⑵ 術 ➡ (   )

04 다음 ☐ 안에 들어갈 알맞은 한자를 보기 에서 찾아 그 번호를 쓰세요.

보기

① 音   ② 風   ③ 圖

• ☐ 力 : 에너지로 쓸 수 있는, 바람이 내는 힘.

➡ (   )

05 '그림, 글씨, 책 따위를 통틀어 이르는 말.'을 뜻하는 한자어를 찾아 ◯표 하세요.

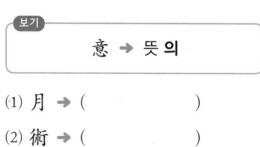

手術   圖書

▶정답 18쪽

06 다음 밑줄 친 한자어의 음(소리)을 쓰세요.

> 흘러나오는 <u>音樂</u>에 맞춰 춤을 춥니다.

➡ (　　　　　　)

07 다음 한자의 뜻을 〈보기〉에서 찾아 그 번호를 쓰세요.

> **보기**
> ① 바람　② 눈　③ 재주

• 雪 ➡ (　　　　　　)

08 다음 뜻에 해당하는 한자어를 〈보기〉에서 찾아 그 번호를 쓰세요.

> **보기**
> ① 文明　② 風聞　③ 發音

• 말의 소리를 내는 일. 또는 그 소리.

➡ (　　　　　　)

09 다음에서 한자 '歌(노래 가)'가 들어 있는 낱말을 찾아 ∨표 하세요.

☐ **가위**　옷감, 종이, 머리털 따위를 자르는 기구.

☐ **교가**　학교를 상징하는 노래.

☐ **가을**　한 해의 네 철 가운데 셋째 철. 여름과 겨울의 사이.

10 다음 문장에 어울리는 한자어가 되도록 (　　) 안에 알맞은 한자를 〈보기〉에서 찾아 그 번호를 쓰세요.

> **보기**
> ① 樂　② 圖　③ 歌

• <u>地</u>(　　)를 보고 길을 찾아갑니다.

➡ (　　　　　　)

병원을 찾아가고 싶은데, 어디로 가야 하지?

우리 고장의 地圖를 보여 줄게!

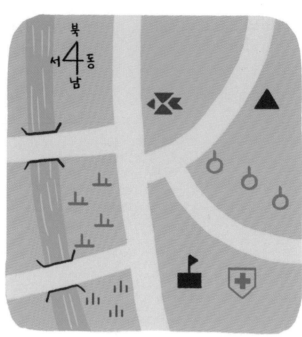

이 기호들은 도대체 뭐야? 온통 암호투성이야!

이 기호들은 무엇을 나타내는 걸까? 함께 알아보자.

🚩	학교	✚	병원
▲	산	♀♀♀	과수원
⌐ ⌐	다리	⑾⑾⑾	밭
✕	우체국	⊥⊥⊥	논

작은 지도 안에 실제 모습을 모두 그려 넣을 수 없기 때문에 실제 사물의 모습을 본떠 단순하게 줄여 나타낸 거야.

그러고 보니 정말 기호와 실제 모습이 닮았네! 이제 병원의 위치를 알 수 있겠어!

 창의 융합

1 위 지도를 보고, 학교의 동쪽에 무엇이 있는지 찾아 쓰세요.

→ (   )

▶정답 18쪽

2 위 대화를 읽고, 마지막에 나온 네 가지 물건을 발명 기법에 따라 분류해 보세요.

➡ 더하기: (   ), 빼기: (   )

코딩

1 다음 암호 를 보고, 암호문을 해독하여 빈칸을 완성하고 해당하는 한자를 쓰세요.

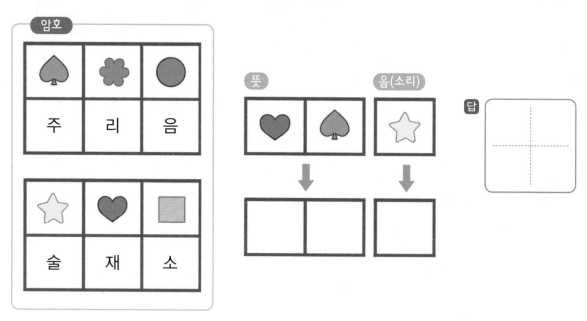

2 다음 글을 읽고, 밑줄 친 ㉠과 ㉡을 뜻과 음(소리)으로 갖는 한자를 쓰세요.

> 세종대왕은 글자를 모르는 백성들이 억울한 일을 당하는 것을 안타깝게 여겨, 한자를 모르는 사람도 자기 생각을 글자로 쉽게 표현할 수 있도록 '훈민정㉠음'을 만들었습니다. 훈민정음은 '백성을 가르치는 바른 ㉡소리'라는 뜻입니다. 훈민정음은 과학적인 원리로 만들어진, 누구나 배우기 쉬운 글자로 자랑스러운 우리의 문화유산입니다.

답

▶정답 18쪽

3 한자 '필 발'을 명령어 의 화살표 방향대로 움직였을 때 완성되는 한자어의 음(소리)
을 쓰세요.

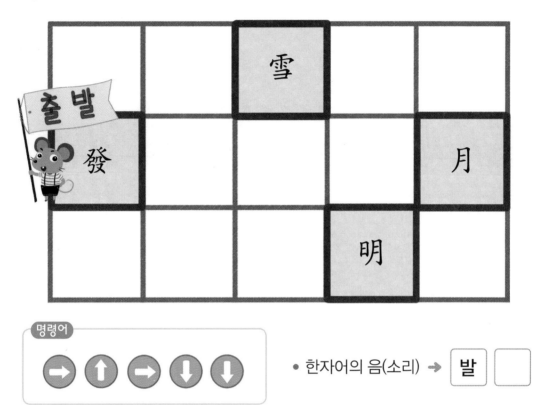

명령어

• 한자어의 음(소리) → 발 [ ]

창의 융합

4 다음 글을 읽고, 문장에 들어갈 알맞은 한자어를 찾아 ○표 하세요.

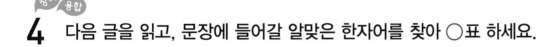

　　세계 4대 (文明 / 發明)은 모두 날씨가 따뜻하고 땅이 기름진 강가에서 시작되었
다는 공통점이 있습니다. 그 가운데 하나인 중국의 문명 역시 황하라는 강가에서 시
작되었습니다. 흙이 농사짓기에 알맞았던 황하 주변에 사람들이 모여 살게 되면서 나
라를 이루었습니다.

5 다음은 조선 시대 선비의 청렴한 삶을 나타낸 시조입니다. 시조를 읽고 밑줄 친 한자어의 음(소리)을 쓰세요.

십 년을 경영하여 초가 한 간 지어내니
반 간은 ㉠ <u>淸風</u>이요 반 간은 ㉡ <u>明月</u>이라
강산은 들일 데 없으니 둘러두고 보리라

• ㉠ 淸風 ➡ (　　　　　　　　)　　• ㉡ 明月 ➡ (　　　　　　　　)

6 다음 보기 에 있는 한자를 순서도에 따라 분류하세요.

보기
歌　　風　　月　　圖

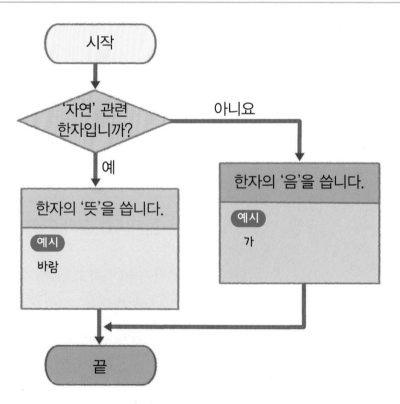

7 (창의)(융합) 밑줄 친 부분을 참고하여 다음 그림과 글이 설명하는 단어로 알맞은 것을 보기 에서 찾아 그 번호를 쓰세요. ➡ ( )

보기

① 清明   ② 立夏   ③ 立秋   ④ 大雪

24절기의 다섯 번째 절기로,
'하늘이 차츰 맑아진다'라는 뜻입니다.
이날 날씨가 좋으면 그해 농사가 잘된다고 하며,
겨우내 미뤄 두었던 일들을 하기도 합니다.

8 (창의)(융합) 다음 글을 읽고, 밑줄 친 부분을 참고하여 ☐ 안에 들어갈 알맞은 한자의 음(소리)을 쓰세요.

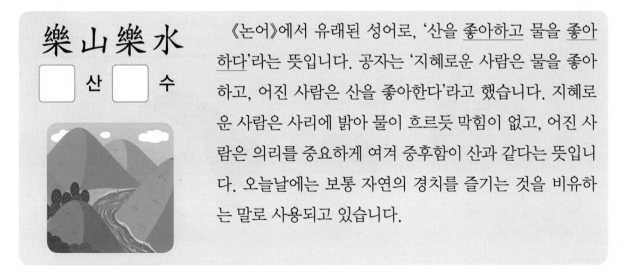

樂山樂水
☐ 산 ☐ 수

《논어》에서 유래된 성어로, '산을 좋아하고 물을 좋아하다'라는 뜻입니다. 공자는 '지혜로운 사람은 물을 좋아하고, 어진 사람은 산을 좋아한다'라고 했습니다. 지혜로운 사람은 사리에 밝아 물이 흐르듯 막힘이 없고, 어진 사람은 의리를 중요하게 여겨 중후함이 산과 같다는 뜻입니다. 오늘날에는 보통 자연의 경치를 즐기는 것을 비유하는 말로 사용되고 있습니다.

천재초등학교 체육 대회

드디어 기다리던 體育(체육) 대회 날이야!

그런데 드림이는 대체 어딨지?

저기 드림이다!

들리는 風聞(풍문)으로는 축구 시합 중간에 사라졌다며? 대체 어딜 간 거야?

점심에 먹은 飮食(음식)이 상했는지 배가 아파서 도저히 계속 뛸 수 없었어.

여름철에는 음식이 쉽게 상할 수 있으니 注意(주의)해야 해!

정말 放心(방심)할 수가 없다니까.

音樂(음악) 소리가 들려. 곧 後半(후반)전이 시작될 거야!

🐻 만화를 보고, 지금까지 배운 한자를 기억해 보세요.

1주 | 신체 / 마음 한자

身 體 飮 運 短 半 心 理 放 注 意 神

2주 | 예술 / 자연 한자

才 術 圖 音 歌 樂 清 風 發 明 月 雪

신체 한자

1 하늘이의 일기를 읽고, 물음에 답하세요.

20XX년 9월 3일   날씨: ☀

오늘 학교에서 축구 시합을 했다. 體育 시간은 내가 가장 좋아하는 시간이다.
後半전이 끝나기 직전, ㉠ 짧은 시간을 남겨 두고 골을 넣어서 우리 팀이 이겼다. 운동 후에 ㉡ 마시는 물은 꿀맛이었다.

❶ 일기의 내용이 맞으면 ○, 틀리면 ✕표 하세요.

(1) 하늘이가 가장 좋아하는 과목은 음악입니다. ➔ (　　　　　)

(2) 축구 시합 후반전에 골을 넣어 이겼습니다. ➔ (　　　　　)

❷ 일기 내용 중 밑줄 친 말에 해당하는 한자를 보기 에서 찾아 쓰세요.

보기

短　　　　　飲　　　　　運　　　　　身

• ㉠ 짧다 ➔ [　　　]   • ㉡ 마시다 ➔ [　　　]

Tip

'몸과 운동 능력의 발달을 위한 교육.'을 [　　　](이)라고 합니다.

답 체육

▶정답 18쪽

마음 한자

2 한자 카드를 잘라 퍼즐을 만들었습니다. 다음 물음에 답하세요.

❶ 다음 중 퍼즐을 조합하여 만들 수 있는 한자가 <u>아닌</u> 것을 찾아 ○표 하세요.

| 부을 주 | 다스릴 리 | 뜻 의 | 귀신 신 |

❷ 퍼즐을 조합하여 만든 한자를 사용하여 그림의 밑줄 친 낱말을 한자로 쓰세요.

미끄럼 주의!

답

Tip

'주의'의 뜻은 '마음에 새겨 두고 [　　　]함.'입니다.

답 조심

예술 한자

3 다음 그림은 오름이네 학교 모습입니다. 그림을 보고, 물음에 답하세요.

❶ 다음 ☐ 안에 알맞은 한자를 보기에서 찾아 교실 이름을 완성하세요.

보기
① 樂 　　② 圖 　　③ 術

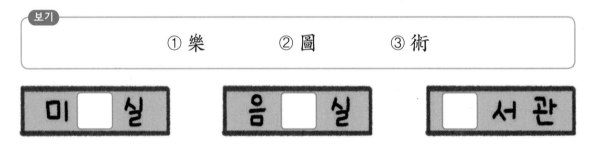

❷ 그림을 보고, 교실의 위치를 바르게 설명한 친구의 이름을 쓰세요.

- 오름: 미술실은 음악실 오른쪽에 있습니다.
- 드림: 도서관은 계단 옆에 있습니다.
- 앵무: 선생님은 음악실과 도서관 사이에 서 계십니다.

➜ (　　　　　　)

Tip

'圖'의 뜻은 ❶☐☐☐(이)고, '樂'의 뜻은 ❷☐☐☐입니다.

답 ❶ 그림 ❷ 노래

자연 한자

4 이번 주 날씨를 나타낸 일기 예보입니다. 그림을 보고, 물음에 답하세요.

❶ 다음 밑줄 친 한자어의 음(소리)을 쓰세요.

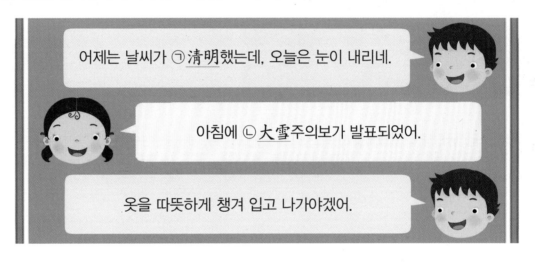

• ㉠ 清明 ➡ (   )   • ㉡ 大雪 ➡ (   )

❷ 일요일 날씨와 관련 있는 한자에 ○표 하고 뜻과 음(소리)을 쓰세요.

雪	風

• 한자의 뜻 ➡ (   )
• 한자의 음(소리) ➡ (   )

Tip
'清明'의 '清'은 [   ](이)라는 뜻을 지니고 있습니다.

🄳 맑다

[문제 01~02] 다음 밑줄 친 漢字語한자어의 讀音(독음: 읽는 소리)을 쓰세요.

新聞 ➡ 신문

　　주말에 아버지와 함께 등산을 갔습니다. 오랜만에 맑은 공기를 마시며 01運動을 하니 02心身이 건강해지는 기분이었습니다.

01 運動 ➡ (　　　　　　)

02 心身 ➡ (　　　　　　)

[문제 03~04] 다음 漢字한자의 訓(훈: 뜻)과 音(음: 소리)을 쓰세요.

事 ➡ 일 사

03 半 ➡ (　　　　　　)

04 神 ➡ (　　　　　　)

[문제 05~06] 다음 문장에 어울리는 漢字語_{한자어}가 되도록 (　　) 안에 알맞은 漢字_{한자}를 보기 에서 찾아 그 번호를 쓰세요.

보기

① 飮　　　② 放

05 여름 (　　　)學을 맞이하여 바다로 휴가를 갑니다.

➡ (　　　　　)

06 식당에서 (　　　)食을 주문했습니다.

➡ (　　　　　)

[문제 07~08] 다음 중 뜻이 서로 반대(또는 상대)되는 漢字_{한자}끼리 연결되지 <u>않은</u> 것을 찾아 그 번호를 쓰세요.

07 ① 長 ↔ 短　　② 大 ↔ 小
　　③ 夏 ↔ 冬　　④ 身 ↔ 體

➡ (　　　　　)

08 ① 心 ↔ 意　　② 出 ↔ 入
　　③ 老 ↔ 少　　④ 前 ↔ 後

➡ (　　　　　)

[문제 09~10] 다음 밑줄 친 漢字語한자어를 漢字한자로 쓰세요.

09 <u>형제</u>는 마치 쌍둥이처럼 똑같이 생겼습니다.

→ (   )

10 수업이 끝나자 <u>교문</u> 밖으로 학생들이 쏟아져 나옵니다.

→ (   )

[문제 11~12] 다음 밑줄 친 漢字語한자어의 讀音(독음: 읽는 소리)을 쓰세요.

11 이십 대 ***後半***인 그는 학생처럼 보입니다.

→ (   )

12 단군 ***神話*** 속 곰은 쑥과 마늘을 먹고 사람이 되었습니다.

→ (   )

▶정답 19쪽

[문제 13~14] 다음 뜻에 맞는 漢字語한자어를 보기 에서 찾아 그 번호를 쓰세요.

① 短身　　② 體育　　③ 心理

13 몸과 운동 능력의 발달을 위한 교육.

→ (　　　　　)

14 작은 키의 몸.

→ (　　　　　)

[문제 15~16] 다음 漢字한자의 진하게 표시된 획은 몇 번째 쓰는지 보기 에서 찾아 그 번호를 쓰세요.

보기

① 네 번째　　② 다섯 번째
③ 여섯 번째　　④ 일곱 번째

15

(　　　　　)

16

(　　　　　)

[문제 01~02] 다음 밑줄 친 漢字語한자어의 讀音(독음: 읽는 소리)을 쓰세요.

> 보기
>
> 飲食 ➡ 음식

오늘은 야구 경기가 있는 날입니다. 01天才 타자라고 불리는 선수가 홈런을 쳤습니다. 사람들은 환호했고 경기장에는 02音樂 소리가 크게 울려 퍼졌습니다.

01 天才 ➡ (　　　　　)

02 音樂 ➡ (　　　　　)

[문제 03~04] 다음 漢字한자의 訓(훈: 뜻)과 音(음: 소리)을 쓰세요.

> 보기
>
> 心 ➡ 마음 심

03 雪 ➡ (　　　　　)

04 淸 ➡ (　　　　　)

[문제 05~06] 다음 문장에 어울리는 漢字語한자어가 되도록 (   ) 안에 알맞은 漢字한자를 에서 찾아 그 번호를 쓰세요.

[문제 07~08] 다음 중 뜻이 서로 반대(또는 상대)되는 漢字한자끼리 연결되지 <u>않은</u> 것을 찾아 그 번호를 쓰세요.

보기

① 歌   ② 風

07 ① 東 ↔ 西   ② 內 ↔ 外
    ③ 千 ↔ 萬   ④ 日 ↔ 月

→ (   )

05 (   )手의 노래에 관객들이 열광했습니다.

→ (   )

08 ① 春 ↔ 秋   ② 才 ↔ 術
    ③ 敎 ↔ 學   ④ 問 ↔ 答

→ (   )

06 떠돌던 (   )聞이 사실로 밝혀졌습니다.

→ (   )

[문제 09~10] 다음 밑줄 친 漢字語한자어를 漢字한자로 쓰세요.

09 노인은 <u>인생</u>에서 가장 행복했던 순간을 떠올렸습니다.

→ (   )

10 명절에 <u>사촌</u>들을 만나 함께 이야기를 나누었습니다.

→ (   )

[문제 11~12] 다음 밑줄 친 漢字語한자어의 讀音(독음: 읽는 소리)을 쓰세요.

11 외국어를 공부할 때는 <u>發音</u>에 주의해야 합니다.

→ (   )

12 <u>手術</u>을 받기 위해 병원에 입원했습니다.

→ (   )

▶정답 19쪽

[문제 13~14] 다음 뜻에 맞는 漢字語한자어를 보기 에서 찾아 그 번호를 쓰세요.

보기

① 清明　② 地圖　③ 雪山

13 지구 표면을 평면에 나타낸 그림.

→ (　　　　)

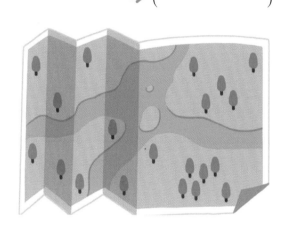

14 눈이 쌓인 산.

→ (　　　　)

[문제 15~16] 다음 漢字한자의 진하게 표시된 획은 몇 번째 쓰는지 보기 에서 찾아 그 번호를 쓰세요.

보기

① 아홉 번째　② 열 번째
③ 열한 번째　④ 열두 번째

15  (　　　　)

16  (　　　　)

교과 학습 한자어 | 01

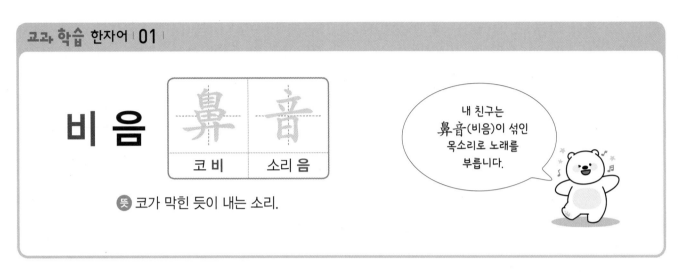

비 음

鼻	音
코 비	소리 음

뜻 코가 막힌 듯이 내는 소리.

내 친구는 鼻音(비음)이 섞인 목소리로 노래를 부릅니다.

심화 한자 **1** 부수 ㅡ | 총 14획

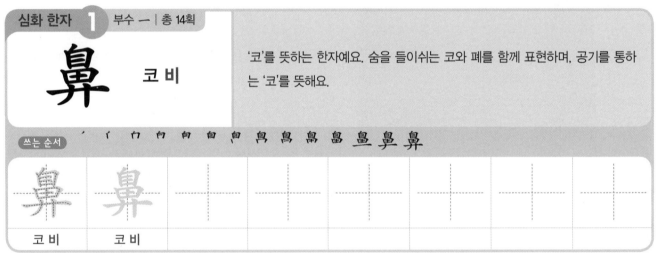

鼻 코 비

'코'를 뜻하는 한자예요. 숨을 들이쉬는 코와 폐를 함께 표현하며, 공기를 통하는 '코'를 뜻해요.

쓰는 순서 `' ⼁ ⼏ ⽩ ⽩ ⾃ ⾃ 鼻 鼻 鼻 畠 畠 鼻 鼻`

鼻	鼻						
코 비	코 비						

1 '鼻音'의 뜻으로 알맞은 것을 찾아 ○표 하세요.

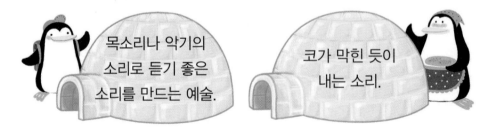

목소리나 악기의 소리로 듣기 좋은 소리를 만드는 예술.

코가 막힌 듯이 내는 소리.

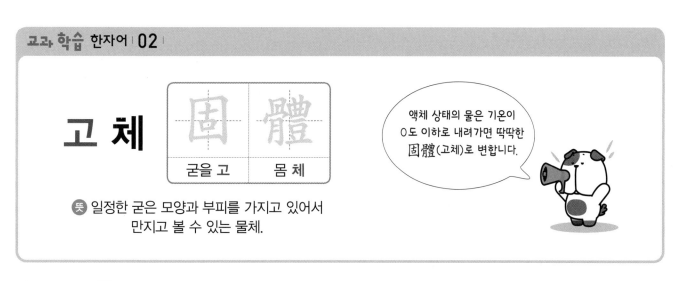

고 체

固	體
굳을 고	몸 체

액체 상태의 물은 기온이 0도 이하로 내려가면 딱딱한 固體(고체)로 변합니다.

뜻 일정한 굳은 모양과 부피를 가지고 있어서 만지고 볼 수 있는 물체.

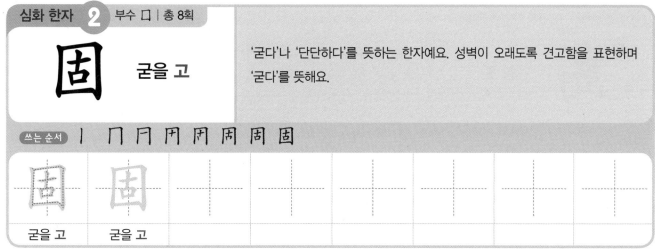

심화 한자 ② 부수 口 | 총 8획

固 굳을 고

'굳다'나 '단단하다'를 뜻하는 한자예요. 성벽이 오래도록 견고함을 표현하며 '굳다'를 뜻해요.

쓰는 순서 丨 冂 冂 円 円 囝 固 固

固	固						
굳을 고	굳을 고						

2 다음 한자어에 해당하는 뜻을 찾아 선으로 이으세요.

固體 .

· 일정한 굳은 모양과 부피를 가지고 있어서 만지고 볼 수 있는 물체.

· 물이나 기름같이 부피는 있지만, 일정한 모양이 없이 흐르는 물질.

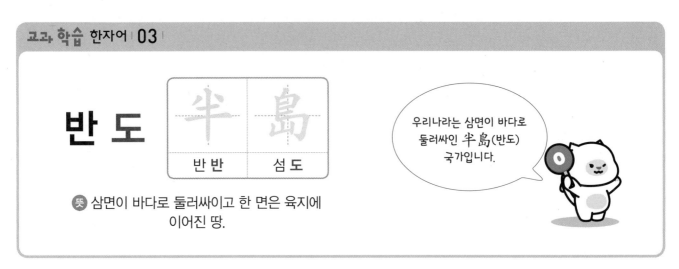

교과 학습 한자어 | 03 |

반 도

半	島
반 반	섬 도

말풍선: 우리나라는 삼면이 바다로 둘러싸인 半島(반도) 국가입니다.

뜻 삼면이 바다로 둘러싸이고 한 면은 육지에 이어진 땅.

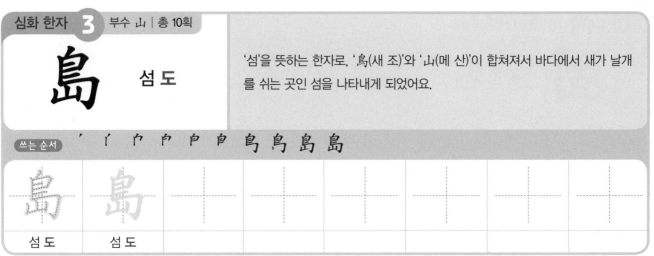

심화 한자 **3** 부수 山 | 총 10획

島 섬 도

'섬'을 뜻하는 한자로, '鳥(새 조)'와 '山(메 산)'이 합쳐져서 바다에서 새가 날개를 쉬는 곳인 섬을 나타내게 되었어요.

쓰는 순서 ´ ′ ′ ′ ′ ′ ′ ′ 鳥 鳥 島 島

島	島						
섬 도	섬 도						

3 다음 한자어에 해당하는 뜻을 찾아 ○표 하세요.

半島

삼면이 바다로 둘러싸이고 한 면은 육지에 이어진 땅.

주위가 바다로 완전히 둘러싸인 육지의 일부.

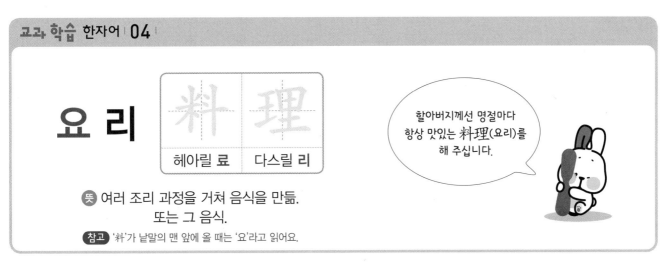

교과 학습 한자어 | 04 |

요 리

料	理
헤아릴 료	다스릴 리

할아버지께선 명절마다 항상 맛있는 料理(요리)를 해 주십니다.

뜻 여러 조리 과정을 거쳐 음식을 만듦. 또는 그 음식.

참고 '料'가 낱말의 맨 앞에 올 때는 '요'라고 읽어요.

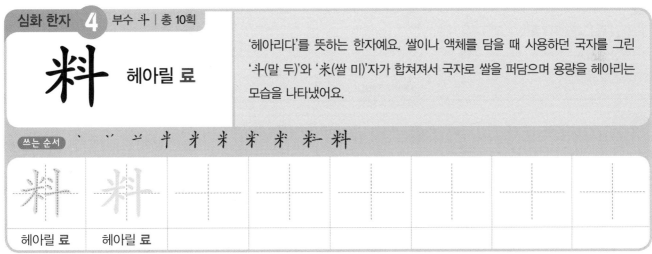

심화 한자 ④ 부수 斗 | 총 10획

料 헤아릴 료

'헤아리다'를 뜻하는 한자예요. 쌀이나 액체를 담을 때 사용하던 국자를 그린 '斗(말 두)'와 '米(쌀 미)'자가 합쳐져서 국자로 쌀을 퍼담으며 용량을 헤아리는 모습을 나타냈어요.

쓰는 순서 ` ` ⺊ ⺘ 米 米 料 料 料 料

헤아릴 료	헤아릴 료						

4 다음 문장의 내용이 맞으면 '예', 틀리면 '아니요'에 ◯표 하세요.

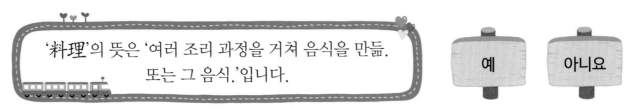

'料理'의 뜻은 '여러 조리 과정을 거쳐 음식을 만듦. 또는 그 음식.'입니다.

예   아니요

게티 이미지 뱅크

전편

68쪽 환경오염(Getty Images Korea)

후편

75쪽 봄 배경

셔터스톡

전편

23쪽 갈매기(Roberto Chicano)
24쪽 도서관의 책(Chinnapong)
25쪽 공연(hurricanehank)
26쪽 트래킹중인 등산객들(Anton Gvozdikov)
26쪽 화재를 진압하는 소방관(Rob Stokes)
28쪽 책 읽는 아이(oriol san julian)
57쪽 새싹(Singkham)
58쪽 피자(Ratov Maxim)
59쪽 시험(smolaw)
59쪽 박물관(Tupungato)
60쪽 자동차를 타고 여행을 가는 가족(n_eri)
61쪽 무궁화(dawool)
74쪽 쿠키 아이콘(mart)
77쪽 다양한 동물 아이콘(Janna7)
84쪽 놀이공원(Jemastock)
85쪽 바둑(Tatiana Belova)
85쪽 비와 우산(Romolo Tavani)
86쪽 우주 비행사와 식물(Sergey Nivens)
88쪽 창 밖의 겨울 풍경(KatrinPirs)

후편

26쪽 자유의 여신상(dc975)
53쪽 눈사람과 강아지(Soyon)
56쪽 하드커버 고서(Billion Photos)
58쪽 풍력 발전(Volodymyr Burdiak)
59쪽 하늘(Elenamiv)
59쪽 등산객(Vixit)
85쪽 공과 스포츠 장비(Africa Studio)

메모

연산이 즐거워지는 공부습관

똑똑한 하루
빅터연산

기초부터 튼튼하게

수학의 기초는 연산!
빅터가 쉽고 재미있게 알려주는 연산 원리와
집중 연산을 통해 연산 해결 능력 강화

게임보다 재미있다

지루하고 힘든 연산은 NO!
수수께끼, 연상퀴즈, 실생활 문제로
쉽고 재미있는 연산 YES!

더! 풍부한 학습량

수·연산 문제를 충분히 담은 풍부한 학습량
교재 표지의 QR을 통해 모바일 학습 제공
교과와 연계되어 학기용 교재로도 OK

초등 연산의 빅데이터!
기초 탄탄 연산서
예비초~초2(각 A~D)
초3~6(각 A~B)

뭘 좋아할지 몰라 다 준비했어♥
전과목 교재

전과목 시리즈 교재

● 무등생 해법시리즈
– 국어/수학	1~6학년, 학기용
– 사회/과학	3~6학년, 학기용
– 봄·여름/가을·겨울	1~2학년, 학기용
– SET(전과목/국수, 국사과)	1~6학년, 학기용

● 똑똑한 하루 시리즈
– 똑똑한 하루 독해	예비초~6학년, 총 14권
– 똑똑한 하루 글쓰기	예비초~6학년, 총 14권
– 똑똑한 하루 어휘	예비초~6학년, 총 14권
– 똑똑한 하루 한자	예비초~6학년, 총 14권
– 똑똑한 하루 수학	1~6학년, 학기용
– 똑똑한 하루 계산	예비초~6학년, 총 14권
– 똑똑한 하루 도형	예비초~6학년, 총 8권
– 똑똑한 하루 사고력	1~6학년, 학기용
– 똑똑한 하루 사회/과학	3~6학년, 학기용
– 똑똑한 하루 봄/여름/가을/겨울	1~2학년, 총 8권
– 똑똑한 하루 안전	1~2학년, 총 2권
– 똑똑한 하루 Voca	3~6학년, 학기용
– 똑똑한 하루 Reading	초3~초6, 학기용
– 똑똑한 하루 Grammar	초3~초6, 학기용
– 똑똑한 하루 Phonics	예비초~초등, 총 8권

● 독해가 힘이다 시리즈
– 초등 문해력 독해가 힘이다 비문학편	3~6학년
– 초등 수학도 독해가 힘이다	1~6학년, 학기용
– 초등 문해력 독해가 힘이다 문장제수학편	1~6학년, 총 12권

영어 교재

● 초등영어 교과서 시리즈
파닉스(1~4단계)	3~6학년, 학년용
영단어(1~4단계)	3~6학년, 학년용

● LOOK BOOK 영단어
3~6학년, 단행본

● 원서 읽는 LOOK BOOK 영단어
3~6학년, 단행본

국가수준 시험 대비 교재

● 해법 기초학력 진단평가 문제집
2~6학년·중1 신입생, 총 6권

급수 한자

정답과 부록

4단계 A

6급 Ⅱ ①

천재교육

모르는 문제는
확실하게
알고 가자!

정답과
부록

4단계 A 6급 Ⅱ ①

정답

급수 한자 돌파 전략 ❶ 한자 기초 확인   13, 15쪽

급수 한자 돌파 전략 ❷   16~17쪽

1

讀   □ 화   V 독

2

'話'의 뜻과 음(소리)은 '말씀 화'입니다.   예 / 아니요

'文'의 뜻과 음(소리)은 '문 문'입니다.   예 / 아니요

3

읽다 — 讀   書 — 글

4

보기   ① 書   ② 讀

작가가 책상에 앉아 글을 쓰고 있습니다.

→ (①)

5

아이들이 그림을 보며 이야기를 나누고 있습니다.

話   童

6

集   V 모을 집   □ 읽을 독

급수 한자 **돌파 전략 ①** 한자 기초 확인　19, 21쪽

급수 한자 **돌파 전략 ②**　22~23쪽

주 03일

급수 한자어 대표 전략 ❷ 28~29쪽

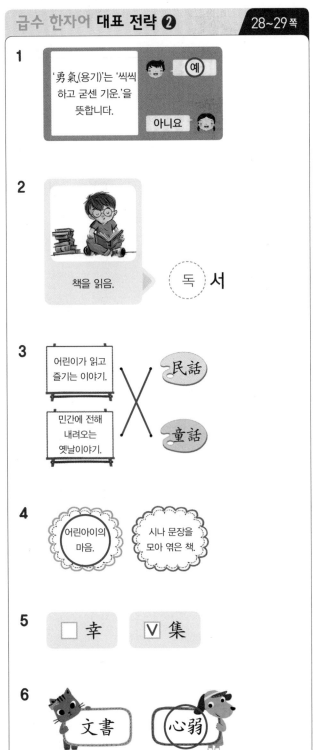

1 '勇氣(용기)'는 '씩씩하고 굳센 기운.'을 뜻합니다. — 예

2 책을 읽음. — 독(서)

3 어린이가 읽고 즐기는 이야기. — 童話 / 민간에 전해 내려오는 옛날이야기. — 民話

4 어린아이의 마음. ○ / 시나 문장을 모아 엮은 책.

5 □ 幸   ☑ 集

6 文書   心弱

7

❶고	산		❸동
수		❷민	화
		❹자	
❺서	신		

1주 04일

급수 시험 체크 전략 ❶ 30~33쪽

필수 예제 01
(1) 동심　　(2) 문집　　(3) 불행

필수 예제 02
(1) 다행 행　　(2) 글 서　　(3) 급할 급

필수 예제 03
(1) ②　　(2) ①　　(3) ④

필수 예제 04
(1) ③　　(2) ①　　(3) ②

급수 시험 체크 전략 ❷ 34~35쪽

1 집중
2 동화
3 약할 약
4 다행 행
5 ①
6 ②
7 ④

누구나 **만점 전략** 36~37쪽

01 다락방에서 할아버지의 오래된
   문 ▢ 을 찾았습니다.
   (急 / (集))

02 (1) 믿을 신   (2) 날랠 용

03 서신

04 ②

05 ①

06 ③

07 ②

08 ①

09 ③

10 高手   (自信)

창의·융합·코딩 **전략 ❶** 38~39쪽

1 받는 사람의 호칭

2 구급 헬리콥터

창의·융합·코딩 **전략 ❷** 40~43쪽

1

● 한자의 뜻
 ➜ (약하다)

2 (1) ①   (2) ③

3

※ 각 조각은 겹쳐 끼울 수 없어요.

답 勇 氣

4 童 話

5

• 한자의 음(소리) ➜ (행   )

6

7 文 集

8 서신

6　(1) ②　　　(2) ①

급수 한자 **돌파 전략 ❶** 한자 기초 확인　53, 55 쪽

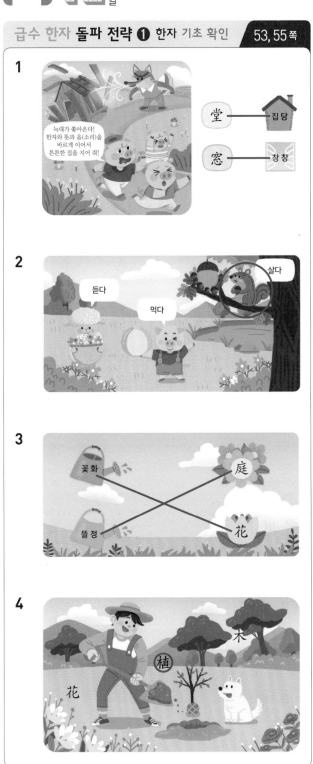

급수 한자 **돌파 전략 ❷**　56~57 쪽

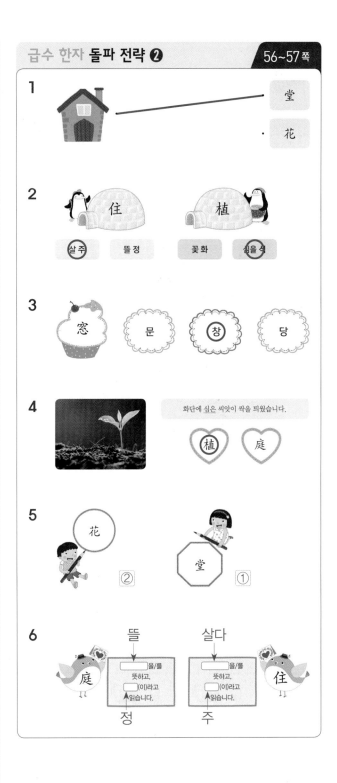

2주 03일

급수 한자어 **대표 전략 ②** 62~63쪽

1

食堂

新聞

2

家庭 同窓

3

밖을 내다볼 수 있도록
벽이나 지붕에 낸 문.

◯門

☑ 窓   ☐ 堂

4

• 신◯: 새로 지어 만듦. 또는 그 작품.
• ◯가: 문학 작품 등의 예술품을
  창작하는 사람.

☐ 題   ☑ 作

5

그림 솜씨가 뛰어나다고 所聞난
화가의 전시회에 다녀왔습니다.

→ (소문)

6

뒷날의 기록.

중심이 되는
문제나 내용

7

新	作	家
童	窓	庭
話	聞	記

(家, 庭 동그라미 표시)

2주 04일

급수 시험 **체크 전략 ①** 64~67쪽

필수 예제 01
(1) 후기   (2) 주제   (3) 국화

필수 예제 02
(1) 창 창   (2) 꽃 화   (3) 심을 식

필수 예제 03
(1) ②   (2) ④   (3) ③

필수 예제 04
(1) ④   (2) ②   (3) ③

급수 시험 체크 전략 ❷ 68~69쪽

1 문제

2 식당

3 살 주

4 새 신

5 ②

6 ③

7 ②

누구나 만점 전략 70~71쪽

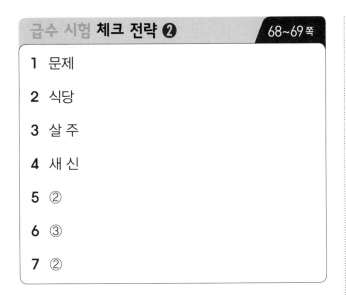

01 한자를 主 □ 로 발표를 했습니다.
(庭 / 題)

02 (1) 심을 식   (2) 뜰 정

03 후기

04 ①

05 ②

06 ①

07 ③

08 ②

09 ②

10

國花   問題

창의·융합·코딩 전략 ❶ 72~73쪽

1 공룡과 파충류의 차이점

2 집

창의·융합·코딩 전략 ❷ 74~77쪽

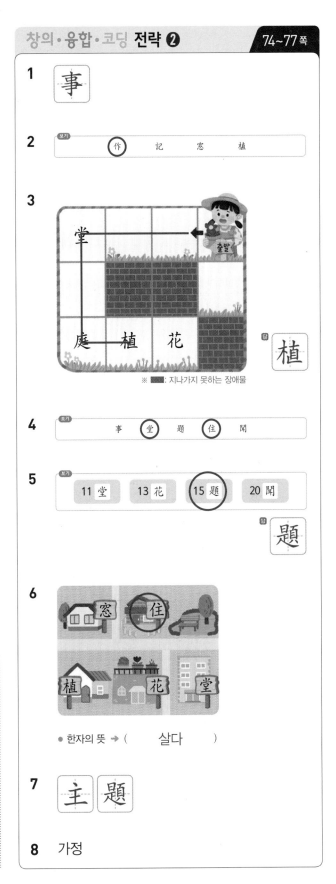

1 事

2 보기 (作) 記 窗 植

3
答 植
※ ▨▨ : 지나가지 못하는 장애물

4 보기 事 (堂) 題 (住) 聞

5 보기 11 堂 13 花 (15 題) 20 聞
答 題

6
● 한자의 뜻 → (살다)

7 主 題

8 가정

정답

신유형·신경향·서술형 전략   80~83쪽

1 ❶ · ㄷㄱ → (문집)
· ㄷㅁ → (문서)
❷ 22

2 ❶ 童話　　　　高山
❷ · ㉠ 높다 → (①)
· ㉡ 약하다 → (⑤)
· ㉢ 다행 → (④)

3 ❶ · 新聞 → (신문)
· 國花 → (국화)
❷ 植　記

4 ❶ 書　堂
❷ [보기] 食堂　窗門　· 한자의 음(소리) → (식당)

적중 예상 전략 1회   84~87쪽

01	동심	09	一生
02	용기	10	學校
03	글 서	11	문집
04	모을 집	12	자신
05	①	13	③
06	②	14	②
07	②	15	②
08	④	16	③

적중 예상 전략 2회   84~87쪽

01	신문	09	韓國
02	창문	10	父母
03	제목 제	11	신작
04	심을 식	12	문제
05	②	13	③
06	①	14	①
07	③	15	②
08	④	16	①

교과 학습 한자어 전략   92~95쪽

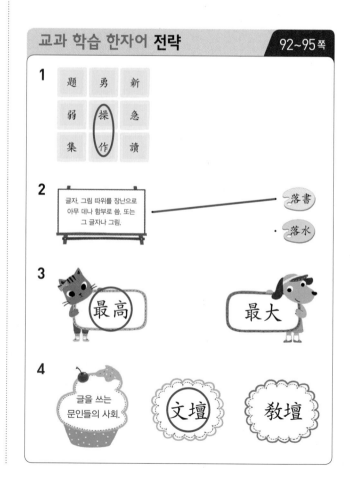

1
題	勇	新
弱	操	急
集	作	讀

2 글자, 그림 따위를 장난으로 아무 데나 함부로 씀. 또는 그 글자나 그림. —— 落書
· 落水

3 最高　　最大

4 글을 쓰는 문인들의 사회. 　文壇　教壇

급수 한자 돌파 전략 ❶ 한자 기초 확인   17, 19쪽

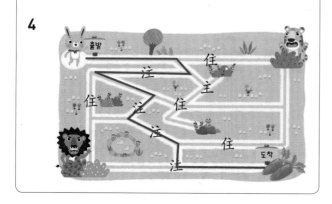

급수 한자 돌파 전략 ❷   20~21쪽

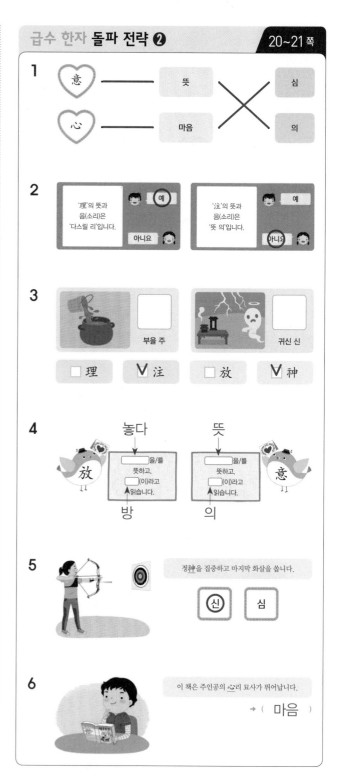

1주 03일

급수 한자어 대표 전략 ❷ 26~27쪽

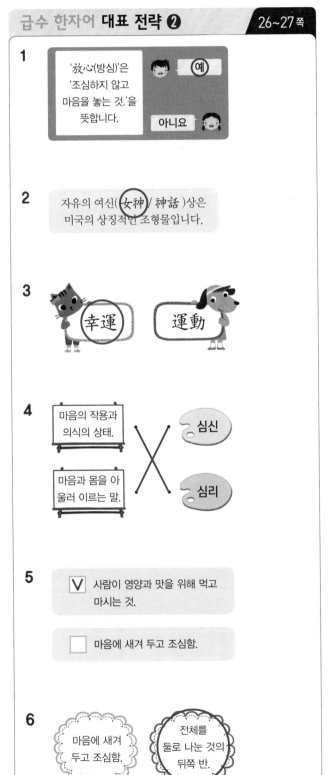

1
'放心(방심)'은 '조심하지 않고 마음을 놓는 것.'을 뜻합니다. → **예**

2
자유의 여신(⟨女神⟩/ 神話)상은 미국의 상징적인 조형물입니다.

3
幸運 運動

4
마음의 작용과 의식의 상태. ✕ 심신
마음과 몸을 아울러 이르는 말. 심리

5
[V] 사람이 영양과 맛을 위해 먹고 마시는 것.
[ ] 마음에 새겨 두고 조심함.

6
마음에 새겨 두고 조심함.
전체를 둘로 나눈 것의 뒤쪽 반.

7

		❶행	❷운
❸단			동
❹신	❺체		
	육		

1주 04일

급수 시험 체크 전략 ❶ 28~31쪽

필수 예제 01
(1) 음식　　　(2) 후반　　　(3) 체육

필수 예제 02
(1) 뜻 의　　　(2) 다스릴 리　　　(3) 놓을 방

필수 예제 03
(1) ④　　　(2) ①　　　(3) ②

필수 예제 04
(1) ②　　　(2) ①　　　(3) ③

급수 시험 체크 전략 ❷ 32~33쪽

1　신체

2　방학

3　부을 주

4　마실 음

5　④

6　④

7　②

누구나 만점 전략 34~35쪽

01 (飮食) 心理

02 (1) 몸 체   (2) 귀신 신

03 운동

04 ②

05

| ☑ 短 짧을 단 | ☑ 運 옮길 운 |
| □ 身 마음 심 | □ 注 뜻 의 |

06 ②

07 ③

08 ①

09 (1) 운   (2) 신

10 ①

창의·융합·코딩 전략 ❶ 36~37쪽

1 자전

2 할머니께 드릴 편지를 쓰고 있어.

창의·융합·코딩 전략 ❷ 38~41쪽

1

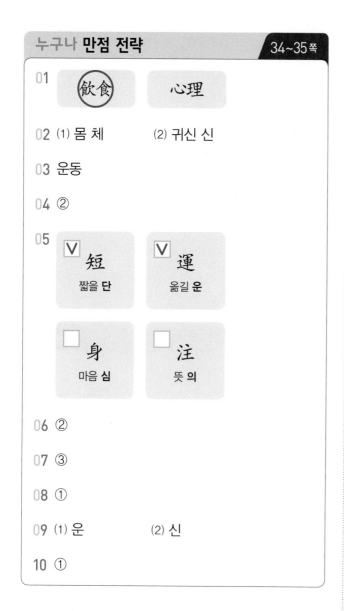

2

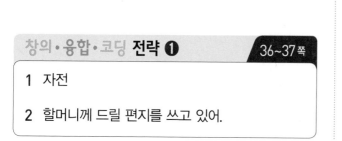

● 한자의 뜻 → (마음)
● 한자의 음(소리) → (심)

3

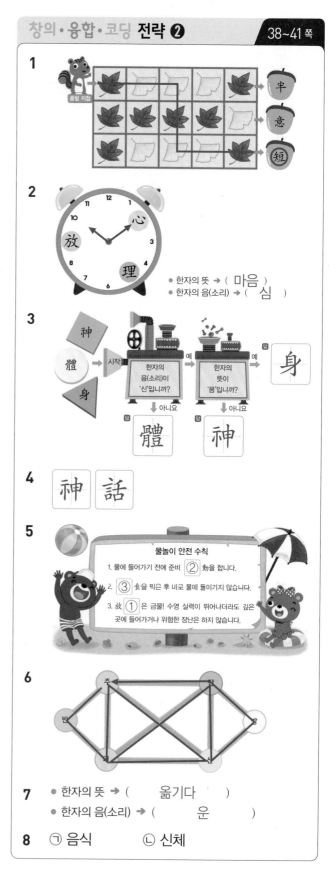

4 神 話

5

물놀이 안전 수칙
1. 물에 들어가기 전에 준비 ②動을 합니다.
2. ③食을 먹은 후 바로 물에 들어가지 않습니다.
3. 放①은 금물! 수영 실력이 뛰어나더라도 깊은 곳에 들어가거나 위험한 장난은 하지 않습니다.

6

7 ● 한자의 뜻 → (옮기다)
   ● 한자의 음(소리) → (운)

8 ㉠ 음식   ㉡ 신체

급수 한자 **돌파 전략 ❶** 한자 기초 확인　45, 47쪽

급수 한자 **돌파 전략 ❷**　48~49쪽

4 (1) ③　　　(2) ①

급수 한자 **돌파 전략 ①** 한자 기초 확인 51, 53쪽

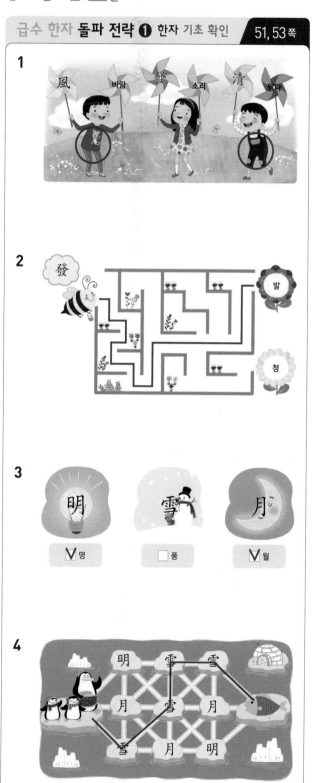

급수 한자 **돌파 전략 ②** 54~55쪽

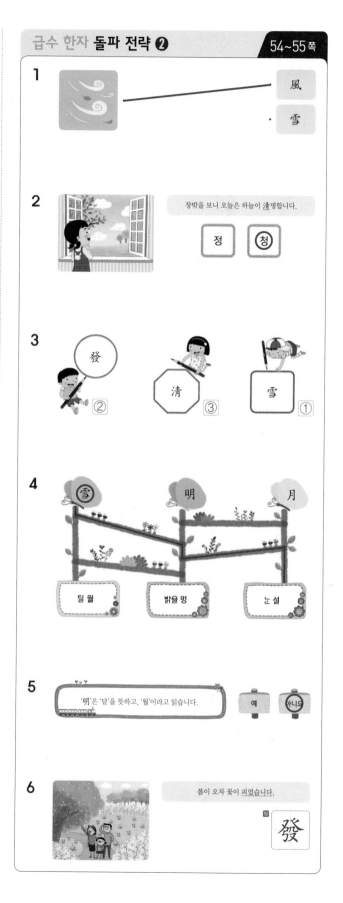

2주 03일

급수 한자어 대표 전략 ❷   60~61 쪽

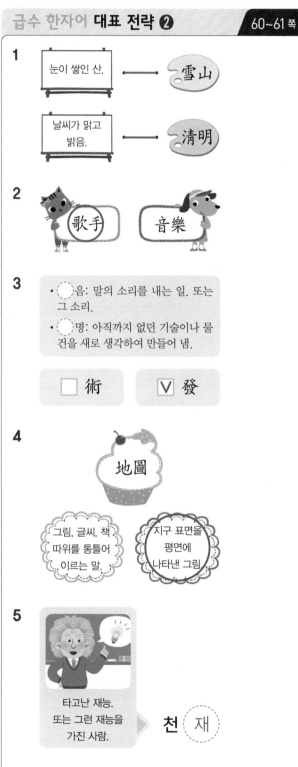

1
눈이 쌓인 산. — 雪山
날씨가 맑고 밝음. — 淸明

2
歌手   音樂

3
• ◯음: 말의 소리를 내는 일. 또는 그 소리.
• ◯명: 아직까지 없던 기술이나 물건을 새로 생각하여 만들어 냄.

☐ 術   ☑ 發

4
地圖
그림, 글씨, 책 따위를 통틀어 이르는 말.
지구 표면을 평면에 나타낸 그림

5
타고난 재능. 또는 그런 재능을 가진 사람.
천 재

6 낙천

7
풍 문
력

2주 04일

급수 시험 체크 전략 ❶   62~65 쪽

필수 예제 01
(1) 문명   (2) 풍력   (3) 가수

필수 예제 02
(1) 필 발   (2) 노래 가   (3) 맑을 청

필수 예제 03
(1) ②   (2) ③   (3) ①

필수 예제 04
(1) ①   (2) ④   (3) ③

급수 시험 체크 전략 ❷   66~67 쪽

1 수술

2 설산

3 그림 도

4 맑을 청

5 ④

6 ①

7 ②

정답

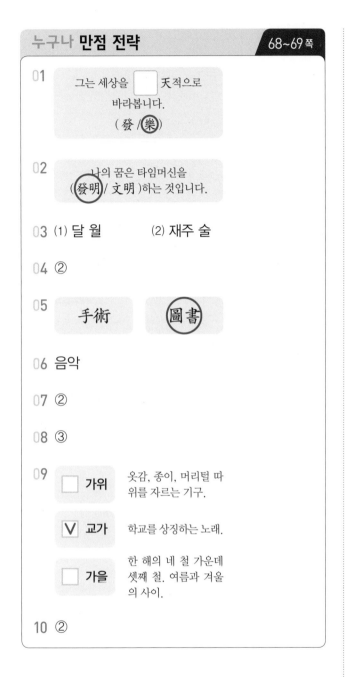

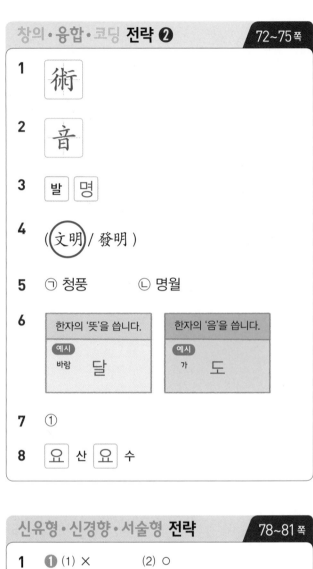

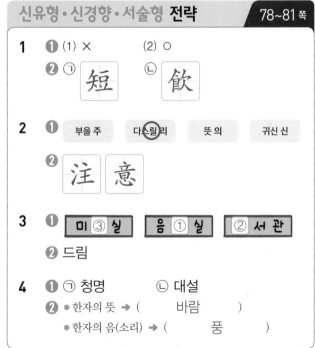

적중 예상 **전략** 1회 82~85쪽

01	운동	09	兄弟
02	심신	10	校門
03	반 반	11	후반
04	귀신 신	12	신화
05	②	13	②
06	①	14	①
07	④	15	④
08	①	16	③

교과 학습 한자어 **전략** 90~93쪽

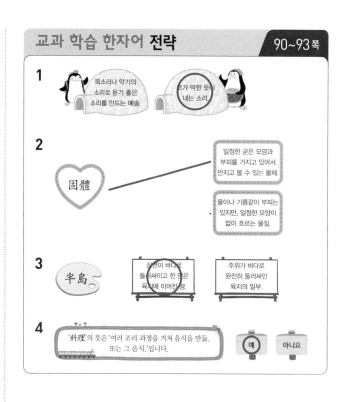

적중 예상 **전략** 2회 86~89쪽

01	천재	09	人生
02	음악	10	四寸
03	눈 설	11	발음
04	맑을 청	12	수술
05	①	13	②
06	②	14	③
07	③	15	①
08	②	16	④

家	집 가	` ⸌ ⼧ ⼧ ⼧ ⼧ ⼧ 家 家 家
부수 宀 | 총 10획		家 家

歌	노래 가	一 ⼀ 哥 哥 哥 哥 哥 哥 哥 哥 哥 歌 歌 歌
부수 欠 | 총 14획		歌 歌

各	각각 각	⼃ ⼅ 夂 夂 各 各
부수 口 | 총 6획		各 各

角	뿔 각	⼃ ⼅ ⼴ 介 角 角 角
부수 角 | 총 7획		角 角

間	사이 간	⼁ ⼌ ⼌ 戸 戸 戸 門 門 門 問 間 間
부수 門 | 총 12획		間 間

江	강 강	` ` ⼲ ⼲ 江 江
부수 水(氵) | 총 6획		江 江

車	수레 거 | 수레 차	一 ⼌ 戸 戸 百 亘 車
부수 車 | 총 7획		車 車

計	셀 계	` ⼌ ⼆ 言 言 言 言 言 計
부수 言 | 총 9획		計 計

界 지경 계
부수 田 | 총 9획
丶 丿 口 日 田 田 界 界 界 界

高 높을 고
부수 高 | 총 10획
丶 亠 亠 古 古 户 高 高 高 高

功 공 공
부수 力 | 총 5획
一 丁 工 巧 功

公 공평할 공
부수 八 | 총 4획
丿 八 公 公

空 빌 공
부수 穴 | 총 8획
丶 丷 宀 宀 穴 空 空 空

工 장인 공
부수 工 | 총 3획
一 丁 工

共 한가지 공
부수 八 | 총 6획
一 十 廿 廾 共 共

科 과목 과
부수 禾 | 총 9획
丿 一 千 千 禾 禾 禾 科 科

| 果 | 실과 과 | ㅣ 冂 冂 日 旦 甲 畢 果 果 |
| | 부수 木 \| 총 8획 | 果 果 |

| 光 | 빛 광 | ㅣ ㅓ ㅓ 屮 屮 屮 光 |
| | 부수 儿 \| 총 6획 | 光 光 |

| 敎 | 가르칠 교 | ノ ㄨ 굿 爻 爻 孝 孝 敎 敎 敎 敎 |
| | 부수 攵(攴) \| 총 11획 | 敎 敎 |

| 校 | 학교 교 | 一 十 才 木 木 杧 杧 栌 栌 校 |
| | 부수 木 \| 총 10획 | 校 校 |

| 球 | 공 구 | 一 二 三 王 王 玎 玎 玎 球 球 球 |
| | 부수 玉(王) \| 총 11획 | 球 球 |

| 九 | 아홉 구 | ノ 九 |
| | 부수 乙(乚) \| 총 2획 | 九 九 |

| 口 | 입 구 | ㅣ 冂 口 |
| | 부수 口 \| 총 3획 | 口 口 |

| 國 | 나라 국 | ㅣ 冂 月 月 同 同 同 或 或 國 國 |
| | 부수 口 \| 총 11획 | 國 國 |

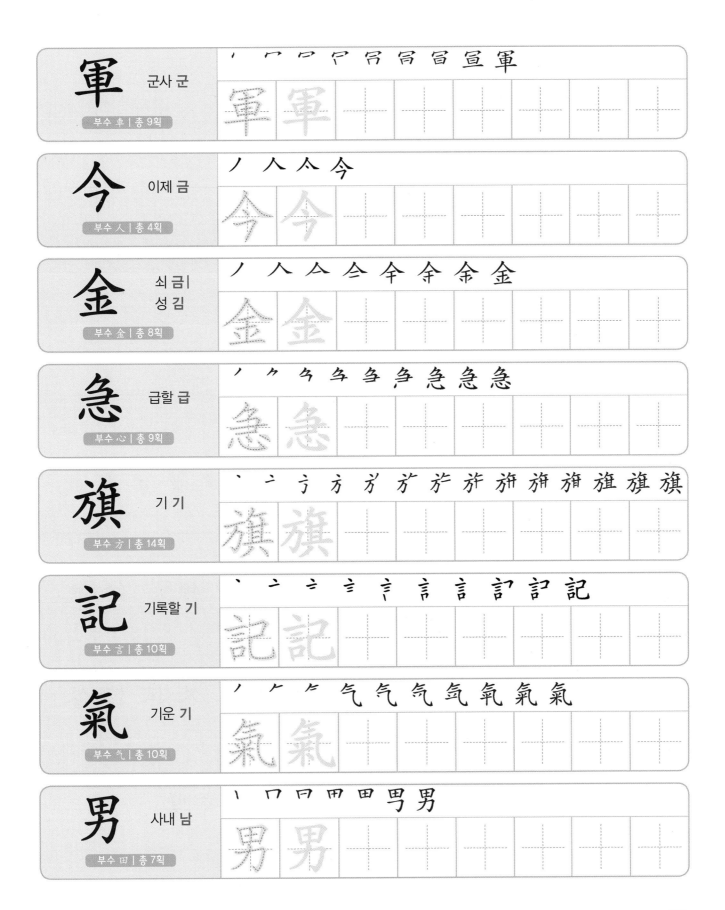

軍	군사 군 부수 車 | 총 9획	ノ 冖 冃 罕 宮 宮 宣 軍
今	이제 금 부수 人 | 총 4획	ノ 人 𠆢 今
金	쇠 금 | 성 김 부수 金 | 총 8획	ノ 人 𠆢 今 全 全 金 金
急	급할 급 부수 心 | 총 9획	ノ 勹 勹 匀 刍 刍 急 急 急
旗	기 기 부수 方 | 총 14획	丶 亠 亠 方 方 扩 扩 扩 旃 旃 旗 旗
記	기록할 기 부수 言 | 총 10획	丶 亠 亠 言 言 言 記 記 記
氣	기운 기 부수 气 | 총 10획	ノ 亻 亻 气 气 气 気 氧 氣 氣
男	사내 남 부수 田 | 총 7획	丨 口 曰 田 田 罗 男

南 남녘 남 부수 十 | 총 9획	一 十 냐 냐 岇 南 南 南 南 南 南
內 안 내 부수 入 | 총 4획	丨 冂 内 内 内 内
女 여자 녀 부수 女 | 총 3획	く 女 女 女 女
年 해 년 부수 干 | 총 6획	丿 𠂉 二 午 뜬 年 年 年
農 농사 농 부수 辰 | 총 13획	丶 冂 曰 曲 曲 曲 严 严 严 農 農 農 農 農
短 짧을 단 부수 矢 | 총 12획	丿 𠂉 仁 牛 矢 矢 知 知 短 短 短 短 短
答 대답 답 부수 竹(⺮) | 총 12획	丿 𠂉 仁 竹 竹 竺 答 答 答 答 答 答 答 答
堂 집 당 부수 土 | 총 11획	丨 丨 丷 丷 当 学 常 常 堂 堂 堂 堂 堂

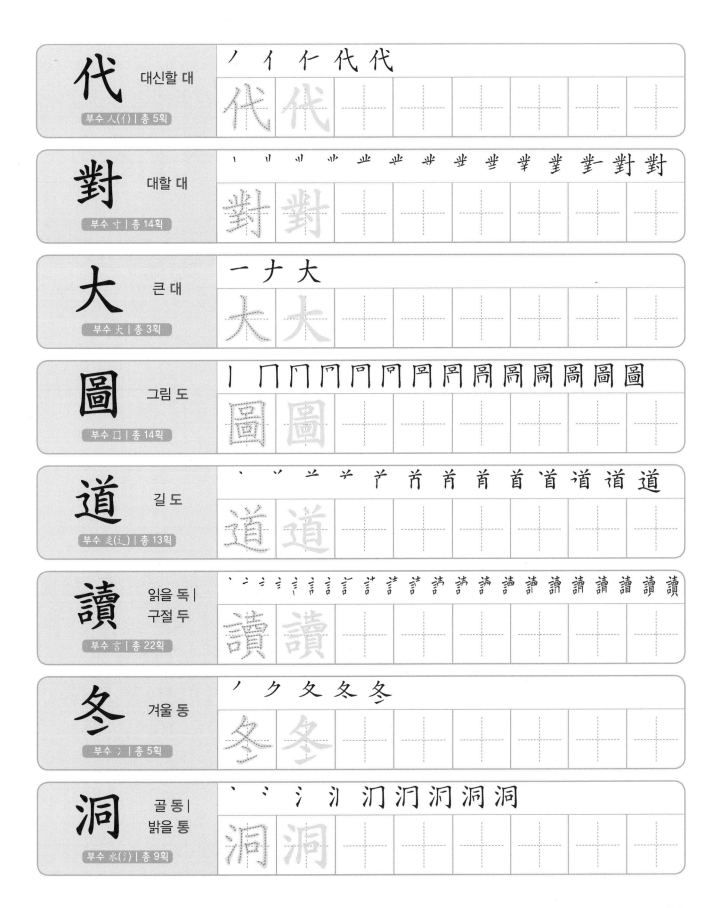

代 대신할 대 부수 人(亻) | 총 5획	ノ 亻 亻 代 代 代 代
對 대할 대 부수 寸 | 총 14획	ヽ ヾ ヾ ヸ 业 业 业 业 业 堂 堂 堂 對 對 對 對
大 큰 대 부수 大 | 총 3획	一 ナ 大 大 大
圖 그림 도 부수 口 | 총 14획	丨 冂 冂 冏 冏 冏 冏 冏 冏 圕 圕 圕 圖 圖 圖 圖
道 길 도 부수 辵(辶) | 총 13획	ヽ ヽ ヾ 广 关 芦 芦 首 首 首 渞 渞 道 道 道
讀 읽을 독 | 구절 두 부수 言 | 총 22획	ヽ ー 亠 言 言 言 言 言 計 計 詰 詰 請 請 請 讀 讀 讀 讀 讀 讀 讀
冬 겨울 동 부수 冫 | 총 5획	ノ ク 久 冬 冬 冬 冬
洞 골 동 | 밝을 통 부수 水(氵) | 총 9획	ヽ ヾ 氵 氵 汀 汩 洞 洞 洞 洞 洞

東	동녘 동 부수 木 | 총 8획	一 ㄇ ㄇ ㅁ 白 束 東 東
童	아이 동 부수 立 | 총 12획	丶 ㄧ ㄎ ㅗ 立 产 音 音 音 音 童 童
動	움직일 동 부수 力 | 총 11획	一 ㄧ ㄎ 台 台 台 盲 重 重 動 動
同	한가지 동 부수 口 | 총 6획	丨 ㄇ 冂 冂 同 同
等	무리 등 부수 竹(⺮) | 총 12획	ノ ㇒ ㇒ 松 竹 竹 笁 笁 笁 等 等 等
登	오를 등 부수 癶 | 총 12획	フ ㄱ � ㄚ 癶 癶 癶 癶 癶 癶 登 登
樂	즐길 락 | 노래 악 | 좋아할 요 부수 木 | 총 15획	ノ ㇒ ㇒ 白 白 白 伯 細 細 細 樂 樂 樂 樂
來	올 래 부수 人 | 총 8획	一 ㄱ ㄱ ㄪ 兀 巫 來 來 來

力 힘 력 부수 力 | 총 2획	フ 力
老 늙을 로 부수 老 | 총 6획	一 十 土 夬 孝 老
六 여섯 륙 부수 八 | 총 4획	、 一 六 六
理 다스릴 리 부수 玉(王) | 총 11획	一 二 三 干 王 珇 珇 珇 珇 理 理
里 마을 리 부수 里 | 총 7획	丨 口 曰 日 旦 甲 里
利 이할 리 부수 刀(刂) | 총 7획	一 二 千 禾 禾 利 利
林 수풀 림 부수 木 | 총 8획	一 十 オ 木 木 朴 材 林
立 설 립 부수 立 | 총 5획	、 一 六 立 立

萬 일만 만 부수 艸(艹) | 총 13획	一 十 卄 艹 艹 芇 苒 茁 莒 萬 萬 萬 萬
每 매양 매 부수 母 | 총 7획	ノ ト ヒ 与 每 每 每
面 낯 면 부수 面 | 총 9획	一 ㄱ 厂 丆 而 而 面 面 面
命 목숨 명 부수 口 | 총 8획	ノ 入 스 仐 合 合 命 命
明 밝을 명 부수 日 | 총 8획	l 冂 冃 日 日 明 明 明
名 이름 명 부수 口 | 총 6획	ノ ク タ 夕 名 名
母 어머니 모 부수 母 | 총 5획	ㄴ 口 母 母 母
木 나무 목 부수 木 | 총 4획	一 十 才 木

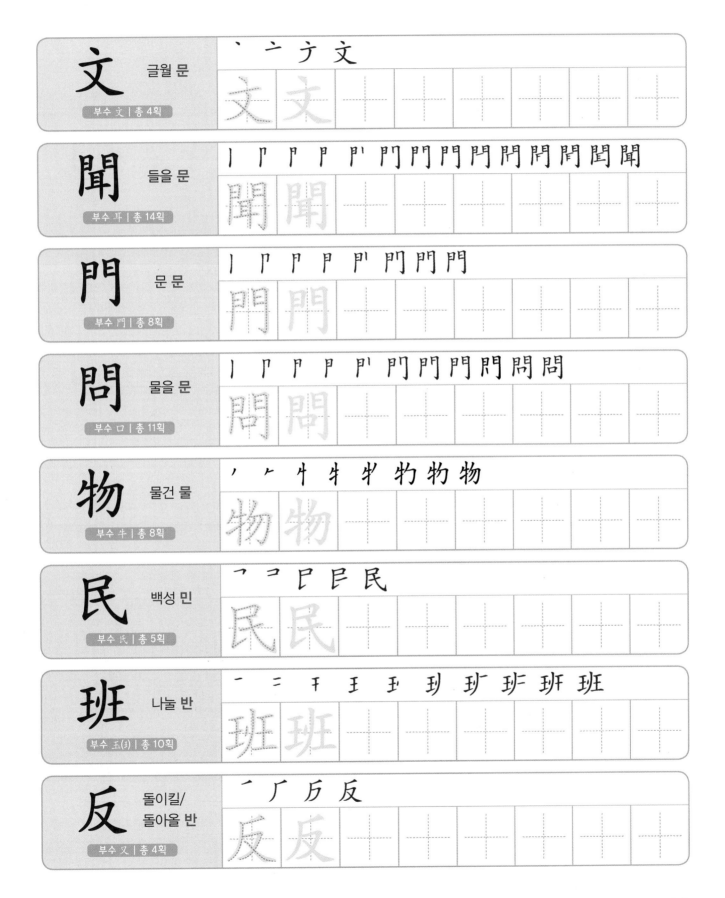

文	글월 문 부수 文 | 총 4획	` `` 亠 ナ 文
聞	들을 문 부수 耳 | 총 14획	｜ ｜ ｜ ｜ 门 门 門 門 門 門 門 閏 聞 聞
門	문 문 부수 門 | 총 8획	｜ ｜ ｜ 尸 尸 門 門 門
問	물을 문 부수 口 | 총 11획	｜ ｜ ｜ 尸 尸 門 門 門 門 問 問
物	물건 물 부수 牛 | 총 8획	` ` 二 牛 牛 牡 物 物 物
民	백성 민 부수 氏 | 총 5획	フ ㄱ ㄱ 尸 尸 民
班	나눌 반 부수 玉(王) | 총 10획	一 二 千 王 玉 玔 玡 玭 班 班
反	돌이킬/ 돌아올 반 부수 又 | 총 4획	一 厂 反 反

半 반 반	丶 丷 半 半 半
부수 十 | 총 5획	半 半

發 필 발	ⁱ ⁱ ⁱ ⁱ ⁱ ⁱ ⁱ ⁱ ⁱ ⁱ ⁱ 發
부수 癶 | 총 12획	發 發

放 놓을 방	丶 一 亠 方 方 扩 扩 放
부수 攴(攵) | 총 8획	放 放

方 모 방	丶 一 亠 方
부수 方 | 총 4획	方 方

百 일백 백	一 丆 丆 百 百 百
부수 白 | 총 6획	百 百

白 흰 백	丿 亻 白 白 白
부수 白 | 총 5획	白 白

部 떼 부	丶 一 亠 立 产 音 音 部 部 部 部
부수 邑(阝) | 총 11획	部 部

夫 지아비 부	一 二 夫 夫
부수 大 | 총 4획	夫 夫

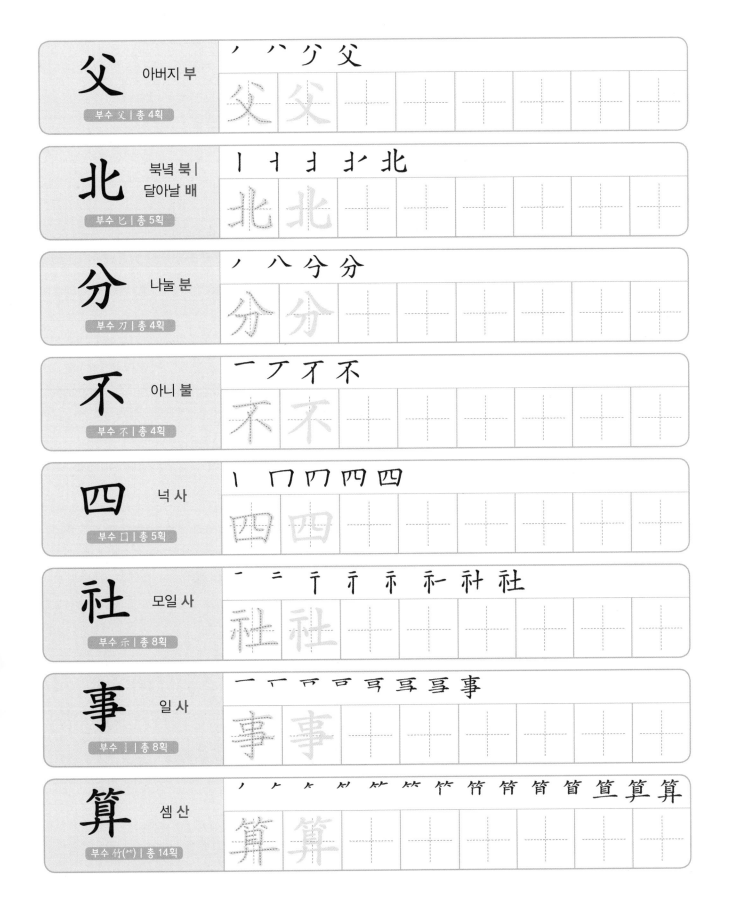

父	아버지 부	ノ ハ グ 父
부수 父 | 총 4획		父 父

北	북녘 북 | 달아날 배	丨 ㅓ ㅓ ㅓ 北
부수 匕 | 총 5획		北 北

分	나눌 분	ノ ハ 分 分
부수 刀 | 총 4획		分 分

不	아니 불	一 ア 不 不
부수 不 | 총 4획		不 不

四	넉 사	丨 冂 冂 四 四
부수 口 | 총 5획		四 四

社	모일 사	一 ㅜ 千 ㅋ 示 社 社 社
부수 示 | 총 8획		社 社

事	일 사	一 ㄱ ㄲ 戸 写 写 写 事
부수 亅 | 총 8획		事 事

算	셈 산	ノ ノ ケ 竹 竹 竹 竹 竹 筲 筲 算 算 算
부수 竹(⺮) | 총 14획		算 算

山 메 산 부수 山 | 총 3획	ㅣ 山 山
三 석 삼 부수 一 | 총 3획	一 二 三
上 윗 상 부수 一 | 총 3획	ㅣ 卜 上
色 빛 색 부수 色 | 총 6획	ノ ク ク 刍 刍 色
生 날 생 부수 生 | 총 5획	ノ ㇒ 亻 牛 生
書 글 서 부수 曰 | 총 10획	フ ㇕ ⺕ ⺕ 聿 聿 書 書 書 書
西 서녘 서 부수 襾 | 총 6획	一 丆 襾 襾 西 西
夕 저녁 석 부수 夕 | 총 3획	ノ 勺 夕

先	먼저 선 부수 儿 | 총 6획	ノ 广 ゲ 生 失 先
		先 先

線	줄 선 부수 糸 | 총 15획	㇖ ㇗ ㅤ ㅤ 彳 糸 糸 糸 絆 紣 絈 紳 綧 綧 綫 線 線
		線 線

雪	눈 설 부수 雨 | 총 11획	一 厂 厂 币 币 雨 雫 雫 雪 雪 雪
		雪 雪

省	살필 성 | 덜 생 부수 目 | 총 9획	㇐ ㇒ 小 少 少 尐 省 省 省
		省 省

姓	성 성 부수 女 | 총 8획	㇗ 乄 女 女 妇 奸 姓 姓
		姓 姓

成	이룰 성 부수 戈 | 총 7획	ノ 厂 厂 戸 万 成 成 成
		成 成

世	인간 세 부수 一 | 총 5획	一 十 廿 世 世
		世 世

所	바 소 부수 戶 | 총 8획	㇒ ㇗ ㇕ ㇕ 戶 戶 所 所 所
		所 所

| 消 | 사라질 소
부수 水(氵) \| 총 10획 | ` ` ` 氵 氵 氵 氵 消 消 消 | 消 | 消 | | | | | | |

| 小 | 작을 소
부수 小 \| 총 3획 | 亅 小 小 | 小 | 小 | | | | | | |

| 少 | 적을 소
부수 小 \| 총 4획 | 亅 小 小 少 | 少 | 少 | | | | | | |

| 手 | 손 수
부수 手 \| 총 4획 | 一 二 三 手 | 手 | 手 | | | | | | |

| 數 | 셈 수
부수 攵(攴) \| 총 15획 | 丶 丨 口 日 日 日 日 串 婁 婁 婁 數 數 數 數 | 數 | 數 | | | | | | |

| 水 | 물 수
부수 水 \| 총 4획 | 亅 기 水 水 | 水 | 水 | | | | | | |

| 術 | 재주 술
부수 行 \| 총 11획 | 丶 丿 彳 彳 彳 休 休 休 術 術 術 | 術 | 術 | | | | | | |

| 時 | 때 시
부수 日 \| 총 10획 | 丨 冂 日 日 旷 旷 旷 旷 時 時 | 時 | 時 | | | | | | |

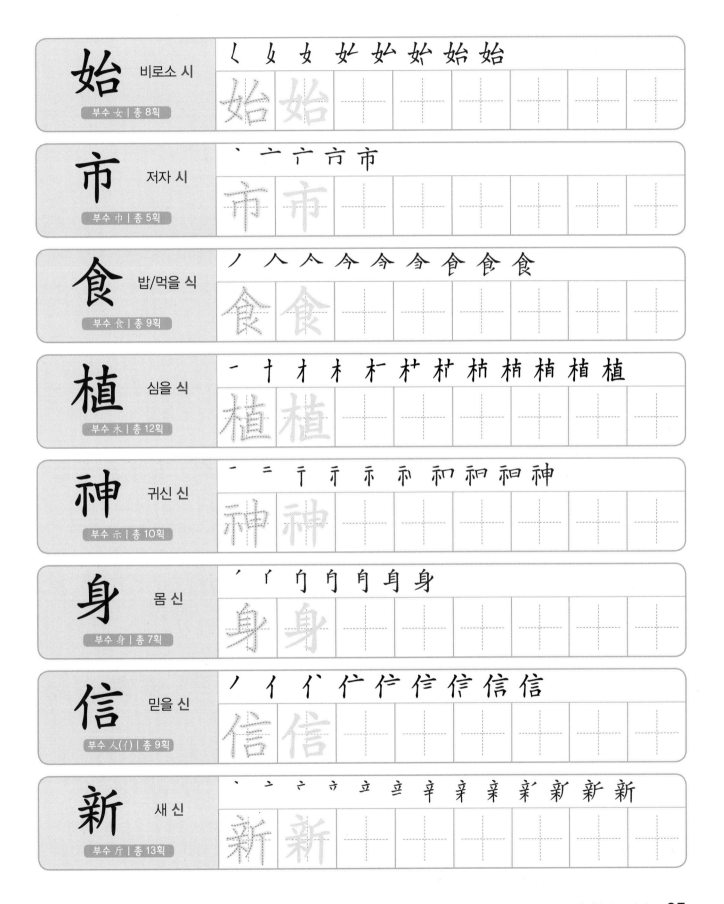

始 비로소 시 부수 女 | 총 8획	乙 女 女 好 奶 始 始						
市 저자 시 부수 巾 | 총 5획	丶 亠 亣 市 市						
食 밥/먹을 식 부수 食 | 총 9획	丿 入 人 今 今 含 食 食 食						
植 심을 식 부수 木 | 총 12획	一 十 オ 木 杧 杧 杧 柿 柿 植 植 植						
神 귀신 신 부수 示 | 총 10획	一 亠 亣 礻 礻 礻 礻 和 神 神						
身 몸 신 부수 身 | 총 7획	丶 丿 勹 勹 自 身 身						
信 믿을 신 부수 人(亻) | 총 9획	丿 亻 亻 亻 伫 信 信 信 信						
新 새 신 부수 斤 | 총 13획	丶 亠 亠 立 立 辛 辛 亲 亲 新 新 新						

室 집 실	부수 宀 | 총 9획	丶 丶 宀 宀 宀 宀 宀 室 室

心 마음 심	부수 心 | 총 4획	丶 心 心 心

十 열 십	부수 十 | 총 2획	一 十

安 편안 안	부수 宀 | 총 6획	丶 丶 宀 灾 安 安

藥 약 약	부수 艸(艹) | 총 19획	一 十 十 艹 艹 艹 芇 芇 芇 萏 菡 蒅 薬 薬 蕐 蕐 蕐 華 藥 藥

弱 약할 약	부수 弓 | 총 10획	ᐢ ᐢ 弓 弓 弓 弱 弱 弱 弱 弱

語 말씀 어	부수 言 | 총 14획	丶 二 亠 亖 言 言 言 訁 訂 訢 語 語 語 語

業 업 업	부수 木 | 총 13획	丶 丷 丷 丷 业 业 业 业 丵 丵 業 業 業

然 그럴 연 부수 火(灬) | 총 12획	丿 ク 夕 夕 夕 夕 夕 夕 夕 夕 夕 然	然 然
午 낮 오 부수 十 | 총 4획	丿 𠂉 𠂇 午	午 午
五 다섯 오 부수 二 | 총 4획	一 丆 五 五	五 五
王 임금 왕 부수 玉(王) | 총 4획	一 二 干 王	王 王
外 바깥 외 부수 夕 | 총 5획	丿 ク 夕 夕 外	外 外
勇 날랠 용 부수 力 | 총 9획	乛 マ 𠃌 甬 甬 甬 甬 勇 勇	勇 勇
用 쓸 용 부수 用 | 총 5획	丿 冂 月 月 用	用 用
右 오를/오른(쪽) 우 부수 口 | 총 5획	丿 ナ 才 右 右	右 右

| 運 옮길 운 부수 辵(辶) \| 총 13획 | ノ ニ ニ ニ 目 目 目 宣 軍 軍 渾 渾 運 運 |
| 運 | 運 | | | | | | | | |

| 月 달 월 부수 月 \| 총 4획 | ノ 刀 月 月 |
| 月 | 月 | | | | | | |

| 有 있을 유 부수 月 \| 총 6획 | ノ ナ ナ 冇 有 有 |
| 有 | 有 | | | | | |

| 育 기를 육 부수 肉(月) \| 총 8획 | 丶 一 一 云 云 产 育 育 育 |
| 育 | 育 | | | | |

| 飮 마실 음 부수 食(飠) \| 총 13획 | ノ ナ ナ �È �È 亼 亀 亀 亀 亀 飮 飮 飮 |
| 飮 | 飮 | | | | |

| 音 소리 음 부수 音 \| 총 9획 | 丶 一 二 立 立 产 产 产 音 音 |
| 音 | 音 | | | | |

| 邑 고을 읍 부수 邑 \| 총 7획 | ノ 口 口 马 吊 吊 邑 |
| 邑 | 邑 | | | | |

| 意 뜻 의 부수 心 \| 총 13획 | 丶 一 二 立 立 产 产 音 音 音 意 意 意 |
| 意 | 意 | | |

二 두 이 부수 二 | 총 2획	一 二
人 사람 인 부수 人 | 총 2획	ノ 人
一 한 일 부수 一 | 총 1획	一
日 날 일 부수 日 | 총 4획	｜ 冂 月 日
入 들 입 부수 入 | 총 2획	ノ 入
字 글자 자 부수 子 | 총 6획	丶 丷 宀 宁 字
自 스스로 자 부수 自 | 총 6획	丿 亻 冇 自 自
子 아들 자 부수 子 | 총 3획	乛 了 子

昨 어제 작 부수 日 | 총 9획	ㅣ � 冂 日 日 旷 昨 昨 昨 昨 昨 昨								
作 지을 작 부수 人(亻) | 총 7획	ノ 亻 亻 亻 仁 作 作 作 作								
長 긴 장 부수 長 | 총 8획	ㅣ ㅑ ㅏ ㅏ ㅏ 토 長 長 長 長 長								
場 마당 장 부수 土 | 총 12획	ー 十 土 圹 圹 坍 坍 坍 垬 場 場 場 場 場								
才 재주 재 부수 手(扌) | 총 3획	ー 十 才 才 才								
電 번개 전 부수 雨 | 총 13획	ー ㄱ ㄷ 币 币 雨 雨 雪 雪 雪 雷 雷 電 電 電								
戰 싸움 전 부수 戈 | 총 16획	ㅣ ㅑ ㅣ 口 曱 甲 甼 單 單 單 單 戰 戰 戰 戰 戰								
前 앞 전 부수 刀(刂) | 총 9획	ㅣ ㅑ ㅑ 首 首 首 前 前 前 前								

| 全 온전 전 부수 入 \| 총 6획 | ノ 入 今 今 全 全 |
| | 全 全 |

| 庭 뜰 정 부수 广 \| 총 10획 | 、 一 广 广 户 庐 庄 庭 庭 庭 |
| | 庭 庭 |

| 正 바를 정 부수 止 \| 총 5획 | 一 下 下 正 正 |
| | 正 正 |

| 弟 아우 제 부수 弓 \| 총 7획 | 、 ソ ソ 马 弟 弟 弟 |
| | 弟 弟 |

| 題 제목 제 부수 頁 \| 총 18획 | 丨 冂 日 日 旦 早 早 昪 是 是 是 題 題 題 題 題 題 題 |
| | 題 題 |

| 第 차례 제 부수 竹(⺮) \| 총 11획 | ノ ケ ケ 竺 竺 笁 笁 笃 第 第 |
| | 第 第 |

| 祖 할아버지 조 부수 示 \| 총 10획 | 一 亠 二 亍 示 利 初 初 袒 祖 |
| | 祖 祖 |

| 足 발 족 부수 足 \| 총 7획 | 丶 口 口 甲 甲 무 足 足 |
| | 足 足 |

左	왼 좌 부수 工 | 총 5획	一 ナ ナ 左 左 左 左
注	부을 주 부수 水(氵) | 총 8획	丶 丶 氵 沪 泸 注 注 注 注
主	임금/ 주인 주 부수 丶 | 총 5획	丶 亠 二 主 主 主 主
住	살 주 부수 人(亻) | 총 7획	丿 亻 亻 仁 仁 住 住 住 住
中	가운데 중 부수 丨 | 총 4획	丶 口 口 中 中 中
重	무거울 중 부수 里 | 총 9획	丿 二 千 盲 盲 盲 重 重 重 重
地	땅 지 부수 土 | 총 6획	一 十 土 圠 圳 地 地 地
紙	종이 지 부수 糸 | 총 10획	丶 纟 纟 纟 糸 糸 糽 紅 紙 紙 紙 紙

| 直 곧을 직 | 一 十 十 古 古 直 直 直 |
| 부수 目 \| 총 8획 | 直 直 |

| 集 모을 집 | ノ イ 亻 亻 亻 亻 佳 隹 隼 集 集 |
| 부수 隹 \| 총 12획 | 集 集 |

| 窓 창 창 | 丶 宀 宀 宀 空 空 空 突 窓 窓 窓 |
| 부수 穴 \| 총 11획 | 窓 窓 |

| 川 내 천 | ノ 川 川 |
| 부수 巛 \| 총 3획 | 川 川 |

| 千 일천 천 | ノ 二 千 |
| 부수 十 \| 총 3획 | 千 千 |

| 天 하늘 천 | 一 二 于 天 |
| 부수 大 \| 총 4획 | 天 天 |

| 清 맑을 청 | 丶 丶 氵 氵 汁 汁 洼 清 清 清 |
| 부수 水(氵) \| 총 11획 | 清 清 |

| 青 푸를 청 | 一 二 主 主 青 青 青 青 |
| 부수 青 \| 총 8획 | 青 青 |

體 몸 체	丨 冂 冂 冃 咼 咼 咼 骨 骨 骨 骨 骨 骨 骨 體 體 體 體 體 體 體 體 體
부수 骨 ㅣ 총 23획	體 體

草 풀 초	一 十 卄 艹 节 节 节 草 草 草
부수 艸(艹) ㅣ 총 10획	草 草

寸 마디 촌	一 十 寸
부수 寸 ㅣ 총 3획	寸 寸

村 마을 촌	一 十 才 木 村 村 村
부수 木 ㅣ 총 7획	村 村

秋 가을 추	一 二 千 千 禾 禾 禾 秋 秋
부수 禾 ㅣ 총 9획	秋 秋

春 봄 춘	一 二 仁 仨 台 台 亘 重 重
부수 日 ㅣ 총 9획	春 春

出 날 출	丨 屮 屮 出 出
부수 凵 ㅣ 총 5획	出 出

七 일곱 칠	一 七
부수 一 ㅣ 총 2획	七 七

土	흙 토	一 十 土
八	여덟 팔	丿 八
便	편할 편|똥오줌 변	丿 亻 亻 仁 仁 仴 便 便
平	평평할 평	一 丆 八 亞 平
表	겉 표	一 二 キ 主 圭 表 表 表
風	바람 풍	丿 几 凡 凡 凨 凬 風 風 風
下	아래 하	一 丅 下
夏	여름 하	一 丆 百 百 百 百 百 夏 夏 夏

부수 土 \| 총 3획
부수 八 \| 총 2획
부수 人(亻) \| 총 9획
부수 干 \| 총 5획
부수 衣 \| 총 8획
부수 風 \| 총 9획
부수 一 \| 총 3획
부수 夂 \| 총 10획

| 學 | 배울 학 | ` ´ ´ ´ ´ ´ ´ ´ ̂ ̂ ̂ ̂ ̂ ̂ ̂ 學 學 學 |
| | 부수 子 \| 총 16획 | 學 學 |

| 韓 | 한국/
나라 한 | 一 十 十 古 古 古 草 卓 ̂ 草 草 韓 韓 韓 韓 韓 韓 |
| | 부수 韋 \| 총 17획 | 韓 韓 |

| 漢 | 한수/
한나라 한 | ` ` ̀ ̀ ̀ ̀ ̀ ̀ ̀ ̀ ̀ ̀ 漢 漢 |
| | 부수 水(氵) \| 총 14획 | 漢 漢 |

| 海 | 바다 해 | ` ` ̀ ̀ ̀ ̀ 海 海 海 海 |
| | 부수 水(氵) \| 총 10획 | 海 海 |

| 幸 | 다행 행 | 一 十 土 ̂ ̂ ̂ ̂ 幸 |
| | 부수 干 \| 총 8획 | 幸 幸 |

| 現 | 나타날 현 | 一 二 三 王 王 玗 玗 玗 玗 玗 現 |
| | 부수 玉(王) \| 총 11획 | 現 現 |

| 形 | 모양 형 | 一 二 于 开 开 形 形 |
| | 부수 彡 \| 총 7획 | 形 形 |

| 兄 | 형 형 | ` ̀ ̀ ̀ 兄 兄 |
| | 부수 儿 \| 총 5획 | 兄 兄 |

花 꽃 화 부수 艸(艹) | 총 8획	一 十 十 艹 艾 花 花 花 花 花
話 말씀 화 부수 言 | 총 13획	丶 亠 二 言 言 言 言 言 訂 許 許 話 話 話 話
火 불 화 부수 火 | 총 4획	丶 丶 少 火 火 火
和 화할 화 부수 口 | 총 8획	一 二 千 千 禾 禾 和 和 和 和
活 살 활 부수 水(氵) | 총 9획	丶 丶 氵 汙 浐 浐 汗 活 活 活 活
會 모일 회 부수 曰 | 총 13획	人 人 人 合 合 合 侖 侖 侖 會 會 會 會 會
孝 효도 효 부수 子 | 총 7획	一 十 土 耂 耂 考 孝 孝 孝
後 뒤 후 부수 彳 | 총 9획	丶 夂 彳 彳 彳 徉 徉 後 後 後 後

休 쉴 휴 부수 人(亻) | 총 6획	ノ 亻 亻 什 休 休 休 休						

한자능력검정시험 6급II 모의평가 문제지

*** 6級과 6級II는 서로 다른 급수입니다. 반드시 지원 급수를 다시 확인하세요. ***

6級 II

| 80문항 | 50분 시험 | 시험일자 : 20○○. ○○. ○○ |

* 성명과 수험번호를 쓰고 문제지와 답안지는 함께 제출하세요.

성명 _____   수험번호 □□□-□□-□□□□

[問 1~32] 다음 밑줄 친 漢字語의 讀音을 쓰세요.

〈보기〉
漢字 ➡ 한자

[1] 우리 팀은 축구 경기 後半에 3골을 넣어 승리하였습니다.

[2] 기차의 出發 시간이 20분이나 늦어졌습니다.

[3] 우리 반의 급훈은 正直입니다.

[4] 거리가 온통 연말 氣分에 휩싸여 북적거립니다.

[5] 태양광을 이용한 電氣 생산이 늘고 있습니다.

[6] 이 소설은 천 페이지가 넘는 大作입니다.

[7] 지도를 보고 도착지까지 남은 거리를 計算했습니다.

[8] 반장은 반을 代表합니다.

[9] 아침에 맑던 하늘이 午後가 되면서 흐려졌습니다.

[10] 유리창 너머로 건물 內部가 보입니다.

[11] 형의 응원을 듣고 自信이 생겼습니다.

[12] 낯선 곳에 가면 風土가 달라서 고생하기 마련입니다.

[13] 통신의 발달로 世界는 점점 가까워지고 있습니다.

[14] 화장실을 깨끗이 利用합시다.

[15] 오늘은 나에게 幸運이 잇따라 찾아왔습니다.

[16] 기회는 모두에게 公平하게 주어져야 합니다.

[17] 결국 답안지를 白紙로 제출했습니다.

[18] 理科 계통으로 진학할 계획입니다.

〈계속〉

자르는 선

[19] 이곳에 <u>姓名</u>과 주소를 적어 주십시오.

[20] 수학 시간에 여러 가지 <u>圖形</u>에 대해 배웠습니다.

[21] 가족들과 저녁 <u>食事</u>를 함께 했습니다.

[22] 환자는 치료를 받고 <u>光明</u>을 되찾았습니다.

[23] 우리 선수단은 뛰어난 <u>戰術</u>로 승리를 거두었습니다.

[24] 세계적인 대회에서 상을 받은 피아니스트가 연일 <u>話題</u>입니다.

[25] 바퀴에 공기를 <u>注入</u>해야 합니다.

[26] 우리 집은 <u>祖上</u> 대대로 이 동네에 살았습니다.

[27] 경찰은 <u>住民</u>들의 신고를 받고 출동하였습니다.

[28] 거리에는 각양<u>各色</u>의 깃발이 나부낍니다.

[29] 주변이 시끄러워 공부에 <u>集中</u>하기가 어렵습니다.

[30] 사람들은 그에게 <u>成功</u>의 비밀을 물어 보았습니다.

[31] <u>所聞</u>은 금세 퍼지기 마련입니다.

[32] 나의 게으른 생활을 <u>反省</u>했습니다.

[問 33~61] 漢字의 訓(훈: 뜻)과 音을 쓰세요.

─〈보기〉─
字 ➡ 글자 자

[33] 每

[34] 道

[35] 體

[36] 神

[37] 弱

[38] 洞

[39] 邑

[40] 便

[41] 主

[42] 場

[43] 活

〈계속〉

자르는 선

[44] 漢

[45] 第

[46] 秋

[47] 淸

[48] 讀

[49] 樂

[50] 業

[51] 勇

[52] 答

[53] 農

[54] 植

[55] 然

[56] 育

[57] 旗

[58] 重

[59] 休

[60] 消

[61] 面

[問 62~63] 다음 중 뜻이 서로 반대(또는 상대)되는 漢字끼리 연결되지 <u>않은</u> 것을 찾아 그 번호를 쓰세요.

[62] ① 南 ↔ 北　② 長 ↔ 短
　　 ③ 日 ↔ 月　④ 光 ↔ 明

[63] ① 家 ↔ 堂　② 上 ↔ 下
　　 ③ 和 ↔ 戰　④ 物 ↔ 心

[問 64~65] 다음 문장에 어울리는 漢字語가 되도록 (　　) 안에 알맞은 漢字를 〈보기〉에서 찾아 그 번호를 쓰세요.

┌─── 〈보기〉 ───┐
① 歌　② 心　③ 成　④ 安
└────────────┘

[64] 연구를 통해 기대 이상의 (　　)果를 얻었습니다.

[65] 그는 남녀노소 모두가 좋아하는 (　　)手입니다.

[問 66~67] 다음 뜻에 맞는 漢字語를 〈보기〉에서 찾아 그 번호를 쓰세요.

┌─── 〈보기〉 ───┐
① 直線　② 童話　③ 地球
④ 時間　⑤ 來日　⑥ 家庭
└────────────┘

[66] 어떤 시각에서 어떤 시각까지의 사이.

[67] 꺾이거나 굽은 데가 없는 곧은 선.

〈계속〉

[問 68~77] 다음 밑줄 친 漢字語를 漢字로 쓰세요.

[68] 이번 여름에는 산수가 아름다운 시골 에 여행을 갈 예정입니다.

[69] 이상 기후로 사월에 눈이 내렸습니다.

[70] 전시회를 위해 실외 정원에 조각품을 설치하였습니다.

[71] 대인 입장료는 1,000원, 소인 입장료 는 500원입니다.

[72] 사람들을 돕는 데 일생을 바쳤습니다.

[73] 십년지기 친구들과는 눈빛만 봐도 마 음이 통합니다.

[74] 우리 아버지의 직업은 군인입니다.

[75] 여왕개미는 일개미보다 몸집이 크고 날개가 있습니다.

[76] 고향에 계신 부모님께 편지를 씁니다.

[77] 이사 후 새로운 학교로 전학을 갔습니 다.

[問 78~80] 다음 漢字의 짙게 표시한 획은 몇 번째 쓰는 획인지 〈보기〉에서 찾아 그 번호를 쓰세요.

〈보기〉

① 첫 번째   ② 두 번째
③ 세 번째   ④ 네 번째
⑤ 다섯 번째   ⑥ 여섯 번째
⑦ 일곱 번째   ⑧ 여덟 번째
⑨ 아홉 번째   ⑩ 열 번째
⑪ 열한 번째   ⑫ 열두 번째
⑬ 열세 번째

---

[78] 弱

(   )

[79]

(   )

[80]

(   )

♣ 수고하셨습니다.

〈끝〉

수험번호 ☐☐☐-☐☐-☐☐☐☐ **성명** ☐☐☐☐☐

생년월일 ☐☐☐☐☐☐

※ 유성 사인펜, 붉은색 필기구 사용 불가.

※ 답안지는 컴퓨터로 처리되므로 구기거나 더럽히지 마시고, 정답 칸 안에만 쓰십시오. 글씨가 채점란으로 들어오면 오답 처리가 됩니다.

한자능력검정시험 6급Ⅱ 모의평가 답안지(1)

번호	정답	1검	2검	번호	정답	1검	2검	번호	정답	1검	2검
1				14				27			
2				15				28			
3				16				29			
4				17				30			
5				18				31			
6				19				32			
7				20				33			
8				21				34			
9				22				35			
10				23				36			
11				24				37			
12				25				38			
13				26				39			

감독위원	채점위원(1)		채점위원(2)		채점위원(3)	
(서명)	(득점)	(서명)	(득점)	(서명)	(득점)	(서명)

※ 뒷면으로 이어짐

▶ 자르는 선

한자능력검정시험 6급Ⅱ 모의평가 답안지(2)

답안란		채점란		답안란		채점란		답안란		채점란	
번호	정답	1검	2검	번호	정답	1검	2검	번호	정답	1검	2검
40				54				68			
41				55				69			
42				56				70			
43				57				71			
44				58				72			
45				59				73			
46				60				74			
47				61				75			
48				62				76			
49				63				77			
50				64				78			
51				65				79			
52				66				80			
53				67							

◀ 자르는 선

[한자능력검정시험 6급Ⅱ 모의평가 정답]

수험번호 □□□-□□-□□□□ 성명 □□□□□

생년월일 □□□□□□

※ 유성 사인펜, 붉은색 필기구 사용 불가.

※ 답안지는 컴퓨터로 처리되므로 구기거나 더럽히지 마시고, 정답 칸 안에만 쓰십시오. 글씨가 채점란으로 들어오면 오답처리가 됩니다.

한자능력검정시험 6급Ⅱ 모의평가 답안지(1)

답안란		채점란		답안란		채점란		답안란		채점란	
번호	정답	1검	2검	번호	정답	1검	2검	번호	정답	1검	2검
1	후반			14	이용			27	주민		
2	출발			15	행운			28	각색		
3	정직			16	공평			29	집중		
4	기분			17	백지			30	성공		
5	전기			18	이과			31	소문		
6	대작			19	성명			32	반성		
7	계산			20	도형			33	매양 매		
8	대표			21	식사			34	길 도		
9	오후			22	광명			35	몸 체		
10	내부			23	전술			36	귀신 신		
11	자신			24	화제			37	약할 약		
12	풍토			25	주입			38	골 동| 밝을 통		
13	세계			26	조상			39	고을 읍		

감독위원	채점위원(1)		채점위원(2)		채점위원(3)	
(서명)	(득점)	(서명)	(득점)	(서명)	(득점)	(서명)

▶ 자르는 선

※ 뒷면으로 이어짐

※ 본 답안지는 컴퓨터로 처리되므로 구겨지거나 더럽혀지지 않도록 조심하시고 글씨를 칸 안에 또박또박 쓰십시오.

한자능력검정시험 6급Ⅱ 모의평가 답안지(2)

번호	정답	1검	2검	번호	정답	1검	2검	번호	정답	1검	2검
40	편할 편|똥오줌 변			54	심을 식			68	山水		
41	임금/주인 주			55	그럴 연			69	四月		
42	마당 장			56	기를 육			70	室外		
43	살 활			57	기 기			71	大人		
44	한수/한나라 한			58	무거울 중			72	一生		
45	차례 제			59	쉴 휴			73	十年		
46	가을 추			60	사라질 소			74	軍人		
47	맑을 청			61	낯 면			75	女王		
48	읽을 독|구절 두			62	④			76	父母		
49	즐길 락|노래 악|좋아할 요			63	①			77	學校		
50	업 업			64	③ 成			78	④		
51	날랠 용			65	① 歌			79	⑥		
52	대답 답			66	④ 時間			80	⑬		
53	농사 농			67	① 直線						

문제 읽을 준비는
저절로 되지 않습니다.

문해력을 키우는 시간

하루 10분

정답은
이안에
있어!